Terapia Cognitivo-Conductual

La Guía Completa para Usar la TCC para Combatir la Ansiedad, la Depresión y Recuperar el Control sobre la Ira, el Pánico y la Preocupación.

Por: Daniel Patterson

Tabla de Contenidos

Tabla de Contenidos
  Introducción

  ¿Qué es exactamente la TCC?

  ¿Cómo funciona la TCC?

  ¿Qué Tipos de Problemas puede Resolver la TCC?

  ¿Por qué la TCC es popular y confiable?

  ¿Qué ocurre en una sesión de TCC?

  ¿Cómo es el aprendizaje de la TCC?

  ¿Cuánto tiempo dura generalmente la TCC?

  ¿Existe algún método de TCC que las personas puedan utilizar aparte de sesiones de terapia reales?

  Capítulo 1: Historia de la Terapia Cognitivo-Conductual (TCC)

  El Espiral Hacia El Éxito
  El Marco Fundacional de la TCC
  Raíces de la Terapia Conductista
  Las Raíces de la Terapia Cognitiva
  Pensamientos Automáticos en la Terapia Cognitiva
  Combinando los Enfoques

  Capítulo 2: ¿Es la TCC la terapia adecuada para ti?
  Lista Rápida
  Capítulo 3: La Guía de Vida Diaria para la TCC

Calendario de Actividades Agradables
Jerarquía de Exposición a Situaciones
Exposición a Imágenes
Método CTT
Herramientas Cognitivas
Herramientas de Comportamiento
Opiniones de 360 grados
Ejercicio de Aclaración de Valores

Capítulo 4: Ventajas y Métodos de la TCC

Cómo funciona la Terapia Cognitiva Conductual
Características que hacen de la TCC una herramienta eficaz
Método pragmático
Terapia Cognitivo-Conductual vs. Otros Tipos de Psicoterapia
¿En qué se diferencia la TCC de otras formas populares de terapia?
Diario de la TCC

Capítulo 5: Trastornos, problemas médicos y emocionales que la TCC puede tratar

Trastornos de Pánico
Depresión
Trastorno de Déficit de Atención/Hiperactividad (TDAH)
Trastorno Obsesivo-Compulsivo (TOC)
Fobia Social/Ansiedad Social
Trastorno Bipolar
Trastorno de Ansiedad Generalizada (TAG)
Esquizofrenia

Bulimia Nerviosa
Miedo a Volar/Fobia a Volar

Capítulo 6: TCC para la Depresión

Tipos de Depresión

Signos y Síntomas de Depresión

¿En qué se diferencia la terapia cognitiva conductual (TCC) de otros tratamientos para la depresión?

Cómo la terapia cognitiva conductual puede ayudar con la depresión

Técnicas de terapia cognitiva conductual para contrarrestar los pensamientos negativos de la depresión

Capítulo 7: TCC para la Ansiedad

Pensamientos desafiantes en la TCC para la ansiedad
Terapia de exposición para la ansiedad
Desensibilización Sistemática
Terapias complementarias para el Trastorno de Ansiedad
Cómo hacer que la terapia para la ansiedad funcione para ti

Capítulo 8: TCC para el miedo y las fobias

Tratamiento para las fobias
Terapias cognitivas conductuales para las fobias
Terapias de grupo para aliviar los miedos
Terapia Individual
Terapia Familiar

Capítulo 9: TCC para los hábitos inadaptados o malos hábitos

La Evasión
Abuso de sustancias
Retirarse o abandonar
Convertir la ansiedad en ira

Capítulo 10: TCC para la obsesión y el TOC

Tres aspectos de la TCC para el TOC
Pasos para el TOC
Preparando el camino para tu paciente
¿Qué pueden esperar tus pacientes?

Capítulo 11: TCC para pensamientos intrusivos y TOC

Pensamientos intrusivos en las relaciones
Pensamientos sexuales sensibles
Pensamiento mágico sobre los pensamientos intrusivos
Pensamientos religiosos intrusivos
Pensamientos violentos e intrusivos
Obsesión corporal (TOC sensomotor)
Simetría y Orden
Abreviaturas usadas comunmente para el TOC
Tratamiento de los pensamientos intrusivos del TOC mediante TCC

Capítulo 12: TCC para la salud mental y el ejercicio

Herramientas cognitivas y ejercicio
Herramientas de Comportamiento y Ejercicio
Herramientas de terapias de tercera generación
Afecciones de salud mental que pueden mejorar con la TCC

Manejar el duelo
La espiral descendente del trastorno mental

Capítulo 13: TCC para el autocontrol y evaluación del progreso

La caja de herramientas de la TCC
Uso de la TCC para lograr el éxito
Definir el éxito
Metas SMART y Plan de Acción

Capítulo 14: Cómo trata la TCC con las cosas

Aprovechando al máximo

Capítulo 15: Reflexiones finales sobre la terapia cognitivo-conductual

¿Cuál es el siguiente paso en el futuro de la TCC?
¿Cuántas sesiones TCC Necesitas Para obtener el Resultado Deseado?
¿Existe algún límite para la TCC?
Aprender sobre tu estado de salud emocional
Lo Que Puedes Anticipar

Identificar Estrategias para Manejar las Emociones

Maneras de practicar técnicas de terapia cognitivo-conductual por tu cuenta
Asegúrate de que sabes:

Conclusión

Introducción

Es posible que hayas oído hablar de la Terapia Cognitivo-Conductual (TCC), el procedimiento psicoterapéutico basado en la evidencia y dedicado a cambiar ideas y conductas no deseadas, con anterioridad. Parece ser mencionada en prácticamente todos los artículos informativos de la web: ¿Problemas de insomnio? Prueba la TCC. ¿Problemas con traumas? La TCC te servirá de ayuda. Para el estrés, la depresión, la autoestima muy baja, la ansiedad de viajar, etc., la TCC puede ser tu respuesta. Hay una alta probabilidad de que hayas hecho TCC o de que conozcas a alguien que la haya hecho.

Entonces, ¿qué es la TCC? ¿Alivia realmente la angustia emocional y cómo lo logra? Sí, lo hace y los métodos exactos pueden ser desconcertantes para algunos.

¿Qué es exactamente la TCC?

La TCC es sólo una de las docenas de opciones de tratamiento utilizadas en la psicoterapia. Realmente se centra en la premisa de que muchos de los problemas de la vida provienen de nociones y comportamientos defectuosos (de ahí es precisamente de donde proviene el término "cognitivo"). Al alterarlos deliberadamente para que sean objetivos más saludables y exitosos podríamos aliviar la angustia. En la capacitación, la TCC se compone comúnmente de identificar los puntos de vista y comportamientos problemáticos y reemplazarlos con respuestas que sean saludables.

La TCC es un tipo de terapia de comunicación que ayuda a identificar pensamientos difíciles, y también ayuda a muchas personas a saber, en su mayoría, cómo moldear sus pensamientos e incluso sus conductas, mejorando en última instancia su forma de sentir. Esto investiga la relación que ocurre entre los comportamientos, sentimientos y pensamientos. Por lo tanto, surge de dos escuelas de psicología muy diferentes: Terapia Cognitiva y Conductismo. Las raíces de éstas se pueden rastrear a dos modelos.

La TCC también se define como la unión entre terapias conductistas y cognitivas, con apoyo empírico lo suficientemente fuerte como para ser considerada una atención médica para muchos trastornos fisiológicos.

La TCC también se centra en desarrollar las habilidades personales del individuo, o en adecuar las habilidades que le permitan tomar conciencia de sus sentimientos y pensamientos, y en identificar soluciones. También tiene una manera de impactar la percepción de las personas, ayudando a mejorar los malos sentimientos mediante la sustitución de conductas y creencias. La TCC se diferencia de otros métodos tradicionales de terapia de conversación en que da una prominencia determinada a las habilidades adquiridas por el individuo y al uso de las tareas. Esta terapia tiene como objetivo no sólo resolver el problema actual de cualquier individuo o trabajar en la negatividad de sus pensamientos, sino también ayudar a mejorar las herramientas del individuo para que sea más eficiente en la resolución de los problemas que puedan surgir en el futuro cercano.

¿Cómo funciona la TCC?

La TCC, a diferencia de las terapias psicoanalíticas y psicodinámicas, es un enfoque a corto plazo que por lo general toma tan sólo 6 sesiones, o incluso hasta 20 sesiones. A lo largo de cada sesión, es posible que tú y tu terapeuta identifiquen situaciones y circunstancias dentro de tu vida que podrían haber causado tu estado de ánimo deprimido, o haber contribuido a éste. Es entonces cuando tu forma actual de pensar y tu percepción distorsionada pueden ser abordadas e identificadas. Es posible que te animen a escribir en diarios para llevar un registro de cada uno de los acontecimientos de tu vida y de tus reacciones a ellos. Esto también puede ayudar al terapeuta a analizar e identificar tus pensamientos y reacciones, que pueden incluir:

- Pensamientos polarizados, que sólo ven el mundo como blanco o negro.

- El rechazo a lo positivo, lo que podría descalificar toda experiencia positiva y sentimiento que hayas tenido.

- La sobre generalización, que significa sacar conclusiones generales sobre un evento en particular.

- Pensamientos negativos automáticos, es decir, cuando experimentas pensamientos reprobatorios.

- Tomarse las cosas muy personalmente, es decir, pensar que algunas cosas suceden debido a lo que dices, a lo que has hecho o a la sensación de que las reacciones de todos se dirigen principalmente hacia ti.

- Reducir o aumentar de manera poco realista la utilidad de cada evento, lo que significa construir o derribar las cosas de una manera que podría no coincidir con el mundo real.

- Enfocarse en asuntos negativos, es decir, detenerse a pensar en cosas hasta el punto en que tu percepción general es muy oscura.

¿Qué Tipos de Problemas puede Resolver la TCC?

La TCC puede utilizarse para el estrés, la depresión, las lesiones, los problemas de autoestima, el TDAH, la comunicación deficiente o las expectativas poco realistas de la pareja, por nombrar sólo algunos. Cuando se trata de un problema que implica conceptos y comportamientos, la TCC actúa como una cura.

¿Por qué la TCC es popular y confiable?

Una razón para que la TCC sea tan popular y confiable es que ha sido analizada de manera muy amplia. Vale la pena investigarla, ya que resalta las intervenciones rápidas y orientadas a la búsqueda de soluciones; su intención es siempre generar ajustes distintos y cuantificables en conceptos y comportamientos, y es vista como una mina de oro para los terapeutas.

¿Qué ocurre en una sesión de TCC?

Al principio, es probable que el terapeuta mencione un método de pago, las políticas de cancelación, los objetivos de la terapia, el informe terapéutico del paciente, además de un resumen de los problemas del paciente. A partir de entonces, las discusiones girarán en torno a las batallas a las que se enfrenta el paciente y cómo aliviarlas.

El terapeuta y el paciente interactúan para generar un programa de acción para cualquier problema que el paciente esté enfrentando. Un plan de actividades significa que establecen los conceptos y comportamientos discutibles, descubren un método fácil para mejorarlos y producen una forma de ejecutar este plan.

¿Cómo es el aprendizaje de la TCC?

La TCC se basa en ofrecer una disminución instantánea y eficaz de los síntomas externos. La práctica regular puede incluir ejercicios y un diario de ideas y sentimientos. También puede incorporar métodos dirigidos a un tema en particular, examinando publicaciones relevantes o buscando circunstancias para emplear tu nueva estrategia.

¿Cuánto tiempo dura generalmente la TCC?

Uno de los aspectos más destacados de la TCC es que se centra en erradicar los signos e indicadores lo más rápidamente posible, en promedio en un mes o dos, dependiendo de la capacidad del paciente para concentrarse en la terapia y de la cantidad y gravedad de sus problemas. La brevedad es crucial para el enfoque particular; una característica esencial que destaca a la TCC de otras terapias.

¿Existe algún método de TCC que las personas puedan utilizar aparte de sesiones de terapia reales?

¿Habrás escrito en un diario de gratitud? ¿Has pensado en monitorear tu ingesta de alimentos? ¿Alguna vez has monitoreado tus patrones de sueño y su calidad?

Si has hecho cualquiera de éstos, ya estás empleando algunos de los fundamentos de la TCC en tu actividad diaria. Sin embargo, la terapia personalizada y estructurada sigue siendo la mejor.

Compartiremos una gran cantidad de información en este libro para ayudar a cualquiera que tenga síntomas que se puedan aliviar mediante la TCC. La importancia de la TCC no puede ser exagerada, ¡así que vamos a profundizar más!

Capítulo 1: Historia de la Terapia Cognitivo-Conductual (TCC)

La TCC se ha vuelto muy conocida a lo largo de los años, ya que muchas personas son muy conscientes de su uso y eficacia actual en el tratamiento de trastornos conocidos como la depresión y la ansiedad. Esta no es una terapia nueva en lo absoluto, y tiene una estructura que hace que los resultados/factores sean fáciles de medir, lo que ha hecho que sea fácil tener muchos ensayos clínicos exitosos y ser un tratamiento aprobado y utilizado por el NHS del Reino Unido.

El Espiral Hacia El Éxito

En la década de 1960, un psiquiatra llamado Aaron T. Beck trataba a individuos que sufrían de depresión. Quería entender mejor la legitimidad de los métodos de psicoanálisis hechos famosos por Sigmund Freud. Aunque Beck comenzó a hacer algunas investigaciones y experimentos con la esperanza de verificar las técnicas de tratamiento pertinentes, descubrió que los métodos tenían muy poco o ningún efecto positivo en los pacientes que estaban deprimidos. Al encontrar esta gran revelación, Beck no tuvo otra opción que desarrollar otros métodos nuevos y eficaces para ayudar a sus pacientes. Como resultado, Beck desarrolló los métodos de tratamiento de la TCC con la ayuda de otras figuras conocidas y célebres como Albert Ellis.

Desde que el Dr. Beck comenzó a tratar a sus pacientes deprimidos con sus nuevos métodos terapéuticos, la TCC se convirtió en uno de los tratamientos mejor vistos para la salud mental.

Con la estructura modernizada de la TCC actual, hay diversas actividades terapéuticas que los psiquiatras pueden utilizar no sólo para ayudar a sus pacientes a vencer la depresión, sino también otros trastornos de salud, como la obesidad, la adicción y la ansiedad.

Si bien podría ser fácil pensar que la TCC sólo puede ser utilizada por los profesionales médicos en el tratamiento de aquellos con problemas de salud mental, este no es el caso. La estructura de la TCC se basa en creencias psicológicas fundamentales que se pueden aplicar a cualquier persona.

El Marco Fundacional de la TCC

Antes de mirar en profundidad las otras maneras en que podemos utilizar las herramientas de la TCC y el ejercicio para nuestro desarrollo personal, es importante entender los métodos del tratamiento y su estructura subyacente.

Para aquellos que no tienen conocimiento previo de la TCC, lo más importante es que los terapeutas de la TCC trabajen con pacientes en los niveles de cognición y de conducta, las dos partes "C" de la TCC. Más allá de este punto fundamental, es imperativo examinar brevemente los cuatro conceptos que se erigen como el trasfondo sobre el que se construye la TCC, el triángulo de la TCC: los pensamientos automáticos, el pensamiento disfuncional, y el modelo cognitivo.

El modelo triangular de la TCC explica cómo las emociones, pensamientos y comportamientos de un individuo afectan a todos. Un terapeuta de TCC siempre ve el triángulo como uno de los hechos psicológicos que guía a toda la humanidad.

El terapeuta de TCC comienza a trabajar con los pacientes para formar los métodos de tratamiento con la base de que los comportamientos, pensamientos y emociones de todos los individuos se afectan continuamente, en todo momento. Por ejemplo, cuando un individuo comienza a pensar mal, habrá severas repercusiones a nivel conductual y emocional. Del mismo modo, si un individuo se comporta destructivamente, habrá graves ramificaciones a nivel emocional y cognitivo.

Puesto que los pensamientos cognitivos no afectan nuestros comportamientos y emociones, nuestras emociones también afectan comportamientos y emociones; todo el mundo puede tomar acciones que sean afirmativas tanto en los niveles conductuales como cognitivos de maneras que aumenten la sensación de bienestar subjetivo.

El concepto cognitivo del modelo TCC explica cómo circunstancias y situaciones específicas conducen a una reacción en cadena de las sensaciones corporales, pensamientos, comportamientos y respuestas emocionales. Cuando un individuo sufre de ansiedad social, por lo general está en un ambiente de alta presión; estará ansioso acerca de las cogniciones que guían su comportamiento. Los pensamientos y las emociones de la ansiedad social tienen una manera de influenciarse unos a otros; los individuos tomarán medidas para salir de las situaciones. El modelo nos explica que estas situaciones causan pensamientos que permiten que las emociones alteren nuestro comportamiento.

Por último, el concepto de la TCC de pensamientos automáticos y pensamientos disfuncionales son áreas en las que se desarrolla una enfermedad mental. Mientras que los psiquiatras y psicólogos de varias escuelas de pensamiento no están de acuerdo en todo, todos están de acuerdo en que hay un flujo de pensamientos aparentemente automáticos que fluyen de nuestros cerebros. Cuando se trabaja con personas que tienen una enfermedad mental, un terapeuta de la TCC indicará que cada cognición negativa o patrones de pensamiento disfuncionales son los culpables de los trastornos emocionales y de conducta.

Raíces de la Terapia Conductista

Los tratamientos para los trastornos del comportamiento han estado disponibles durante mucho tiempo. A principios del siglo XX, Pavlov, Skinner y Watson fueron los primeros partidarios de los tratamientos conductistas. El conductismo se basa en la idea de que cada comportamiento puede ser entrenado, medido y también modificado. También denota el hecho de que nuestro entorno influye en nuestro comportamiento.

La terapia conductista surgió por primera vez en la década de 1940, como respuesta a la necesidad de los veteranos de la Segunda Guerra Mundial de adaptarse a la vida "normal" y de lidiar con su horrible experiencia de guerra. Se utilizó como una terapia a corto plazo para la ansiedad y la depresión que correspondía con la investigación sobre cómo las personas aprenden a reaccionar emocionalmente y a comportarse en diferentes situaciones de la vida. Ésta hace frente a la terapia psicoanalítica que era famosa en la época y que es considerada como la primera ola de la TCC.

El viejo enfoque de la terapia conductista ya no se utiliza tan comúnmente como hace muchos años. En este momento, tenemos un enfoque más colaborativo para el tratamiento de los problemas cognitivos, que ha demostrado ser más confiable.

Las Raíces de la Terapia Cognitiva

En el siglo 20, el concepto de un psicoterapeuta australiano (Alfred Adler) de los errores fundamentales y el papel que juegan en las emociones desagradables lo hizo uno de los primeros terapeutas en tratar con la cognición de la psicoterapia. El trabajo que llevó a cabo inspiró al psicólogo estadounidense Albert Ellis a cambiar la terapia racional del Comportamiento Emotivo (REBT, por sus siglas en inglés) En la década de 1950. Ahora se sabe que esta es la forma más temprana de la psicoterapia cognitiva, y su idea fundamental es que la incomodidad emocional de una persona proviene ya sea de sus pensamientos acerca de un evento o del evento que sucedió en sí.

En 1950-1960, el mencionado psiquiatra Aaron T. Beck se enteró de que la mayoría de sus pacientes tenían comunicaciones internas (voces en sus cabezas) durante sus sesiones de terapia. También encontró que algunos pacientes también parecían hablarse a sí mismos, pero no compartían con él lo que decían esas voces. Por ejemplo, un paciente diciendo, "el terapeuta está callado hoy. Me pregunto si no está feliz conmigo." De esa forma, ya están ansiosos por el resultado.

Pensamientos Automáticos en la Terapia Cognitiva

Beck sabía de la utilidad del vínculo entre los sentimientos y los pensamientos. Entonces él acuñó la frase de "pensamientos automáticos" para decirnos exactamente lo que estaba pasando en nuestras mentes. También descubrió que aunque muchas personas no son conscientes de estos pensamientos, pueden aprender a notarlos e identificarlos. Descubrió que las personas que están enojadas siempre tienen malos pensamientos, y al descubrir y desafiar estos pensamientos, pueden haber cambios positivos de larga Duración. En otras palabras, la TCC ayuda a las personas a salir de este proceso de pensamiento automático.

En la década de 1960, una serie de estudios mostraron empíricamente cómo la cognición influye en las emociones y los comportamientos. Esto también se conoce como revolución cognitiva o como la segunda onda de la TCC. En estos se enfatiza la importancia que juegan los pensamientos conscientes en la psicoterapia.

Combinando los Enfoques

Las terapias conductistas también son relevantes en el tratamiento de trastornos como la neurosis, pero todavía no han sido capaces de superar la depresión. Como las terapias cognitivas se han vuelto más populares y los psicólogos están viendo más éxito con estas al combinarlas con diferentes enfoques se puede utilizar para tratar con éxito los trastornos de pánico. La TCC le da un mayor énfasis a la experiencia, creencia y sentimientos del individuo en cada momento dado.

Capítulo 2: ¿Es la TCC la terapia adecuada para ti?

¿Estás confundido acerca de los diferentes tipos de terapia que existen? Si es así, no estás solo. La TCC es una de las formas más conocidas de terapia, pero, ¿cómo puede ayudarte y qué implica exactamente?

Cada vez que conozco a un paciente por primera vez, le hago preguntas sobre lo que sabe acerca de la TCC y, la mayoría de las veces, la respuesta que obtengo es la misma: "Muy poco." Sin embargo, esto no es exactamente un problema, ya que parte de mi trabajo consiste en decirles cómo funciona y también en guiarlos a través del proceso. Sin embargo, estoy seguro de que hay más personas de las que uno se imagina que necesitan ayuda desesperadamente y no se dan cuenta de cómo la TCC puede ser exactamente lo que necesitan.

La TCC es todavía relativamente nueva y es respetada en todas partes porque sus fundamentos están basados en una simple proposición de que nuestros pensamientos afectan nuestros sentimientos. Esto comienza por desarrollar una mejor comprensión de cómo pensamos normalmente de nosotros mismos y de las personas que nos rodean, lo que puede conducir a una perturbación emocional.

En este capítulo, discutiremos las maneras en que las diferentes estrategias de la TCC pueden ayudarte a empezar a pensar y a comportarte de una manera sana y emocional.

Entonces, ¿cómo sabrás si la TCC es apropiada para ti?

Asumiré que estás leyendo este capítulo porque no te sientes demasiado bien, y que estás batallando en tu vida y ya no te sientes como tu yo "normal". Esta puede ser una sensación que has estado notando durante mucho tiempo o puede haber sido desencadenada recientemente. Puede ser que estés consciente de que estás sufriendo de depresión o ansiedad o también puedes tener problemas de ira. También es posible que te encuentres en una situación personal muy difícil, que tengas poca confianza en ti mismo o que te sientas solo.

Los problemas emocionales pueden ser diversos y una de las claves vitales es saber si la TCC puede ayudar. Puede ser muy difícil controlarte o dejar de sentirte cómo te sientes, no importa cuánto lo reprimas, hables de ello o trates de ignorarlo tanto como sea posible, esos pensamientos y sentimientos negativos siempre aparecen y parecen empeorar cada día. Lo positivo, si así es como te sientes, es que no importa lo mal que te sientas, también puedes cambiar: la TCC ayuda a establecer un equilibrio y a hacer los ajustes necesarios para asegurarte de que las cosas vuelvan a la normalidad para ti y que desarrolles una perspectiva más beneficiosa y positiva.

Por lo tanto, si estás buscando una terapia que siga un proceso estratégico y lógico, que ayude a cambiar y también a hacer avanzar las cosas que te están frenando, entonces la TCC es una buena opción que puedes explorar. A diferencia de otras terapias psicoanalíticas que ayudan a centrarse en las cosas del pasado, la TCC habla de lo que sucede en el presente: se necesita lo que ha sucedido en eventos pasados para ayudar a saber o tener en cuenta por qué se está pasando por un trauma emocional actual, centrándose básicamente en soluciones y métodos para lograr un cambio a largo plazo. La filosofía que se aprende puede ser aplicada a través de muchas circunstancias de la vida.

Por lo tanto, la TCC es muy útil en los tiempos modernos, ya que te alienta a ser siempre responsable de cómo te sientes, fortaleciendo tu conciencia emocional, proporcionándote maneras efectivas de enfrentarte a los difíciles desafíos de la vida. No nacemos con nuestros sentimientos y pensamientos, pero a menudo se desarrollan a medida que crecemos, y pueden ser influenciados por nuestros maestros, padres, amigos y nuestras experiencias diarias. Esto nos ayudará a entender que tenemos el poder de cambiar nuestros pensamientos. Y si nuestros pensamientos mejoran la manera en que nos sentimos, necesitamos entender el tipo de pensamientos que nos llevan a emociones que no nos ayudan, para que podamos hacer los cambios necesarios.

Una pregunta muy importante a tener en cuenta es la frecuencia con la que estás acostumbrado a pensar en "blanco y negro" en tu vida. "Debo tener éxito. Si no lo logro, soy un fracasado", "esa persona no me sonrió, así que sé que no le agrado." Esta tendencia inflexible de "todo o nada" crea más presión y es un ejemplo de una distorsión del pensamiento que debe ser objeto de cambio y de crear alternativas más equilibradas.

Lista Rápida

La TCC puede ayudar si:

- quieres aprender y tomar el control de tus emociones
- te encanta la idea de una terapia lógica y científicamente probada que te ayudará a cambiar cómo te sientes en el presente y también en el futuro
- crees que el cambio es posible aunque parezca imposible en este momento.
- te gusta la idea de practicar estrategias entre sesiones
- te sientes bloqueado y atascado

Capítulo 3: La Guía de Vida Diaria para la TCC

Existe la teoría de que si haces algo consistentemente durante 21 días, se convierte en un hábito. La TCC te ayudará a inculcar buenos hábitos en tu estilo de vida diario, y te convertirás en una mejor versión de ti mismo.

Aquí hay algunas pautas que podrían ayudarte, diariamente, a alcanzar tus metas.

Calendario de Actividades Agradables

La programación de actividades agradables no es tan efectiva como las técnicas de terapia conductual, pero es particularmente útil para aquellos que sufren de depresión.

Intenta esto: Escribe los próximos 21 días en un papel a partir de hoy (jueves, viernes, sábado, etc.). Para cada día, programa una actividad que te guste hacer. Podría ser tan fácil como leer un capítulo de una novela. Un método alternativo es planear una actividad para un día que te dé cierto sentido de capacidad, logro y maestría. También, escoge algo pequeño que no sueles hacer, busca algo que no te lleve menos de 10 minutos lograr. Un método mejorado es planear tres actividades agradables todos los días; una por la mañana, otra al mediodía y otra por la noche. Tener eventos que traen altos niveles de emociones positivas diariamente a tu vida te ayudará a pensar menos y ser menos negativo.

Jerarquía de Exposición a Situaciones

La jerarquía de exposición a situaciones es hacer cosas que normalmente evitarías hacer. Por ejemplo, una persona que padece un trastorno alimentario puede tener una lista de alimentos prohibidos, en la que el helado encabeza la lista y el yogur con alto contenido de grasa está de último lugar. Alguien que tiene ansiedad social podría decidir que invitar a alguien a salir en una cita causa la mayor ansiedad, pero pedirle una dirección a alguien causa la menor.

La idea de la jerarquía es hacer una lista de 10 ítems que causan la mayor ansiedad o desencadenamiento negativo, siendo 10 el máximo. Por ejemplo, para el trastorno alimentario mencionado anteriormente, el helado sería un 10 y el yogur un 1. La lógica es ir ascendiendo en la lista desde lo más pequeño a lo más alto; exponerte a estas cosas poco a poco para poder enfrentar tus miedos.

Exposición a Imágenes

Una versión de la exposición a imágenes implica recordar algo reciente que provoque emociones negativas intensas. Por ejemplo, un estudiante de psicología clínica al que el supervisor le dio un informe crítico, podría usar la exposición a imágenes recordando la escena cuando le dieron el informe vívidamente (por ejemplo, cómo se veía la habitación, el tono que usó el supervisor).

También pueden intentar etiquetar con precisión los pensamientos y emociones que han experimentado durante las interacciones y cuáles son sus impulsos (por ejemplo, enojarse o salir corriendo de la habitación para llorar). En la exposición continua de imágenes, la persona tendrá que seguir visualizando imágenes hasta que su nivel de incomodidad se reduzca a la mitad en relación a la inicial (digamos de 8/10 a 4/10).

La exposición a imágenes puede ayudar a contrarrestar la cavilación porque ayuda a superar las experiencias intrusivas y dolorosas, debido a esto, también lleva a una disminución de la evasión. Cuando una persona no se sienta cómoda con las experiencias intrusivas obtenidas, podrá elegir medidas de respuesta más saludables.

Método CTT

Establecer metas realistas y entender cómo resolver problemas (por ejemplo, participar en más tareas sociales; aprender a ser resuelto).

En algunos casos, la TCC es más efectiva cuando se realiza junto con diferentes tratamientos, incluyendo antidepresivos u otros medicamentos.

Además, se entiende muy poco sobre el proceso de adecuar los tratamientos (como la TCC) a las personas. Sin embargo, los profesionales capacitados suelen estar preparados para adaptar la TCC a una amplia gama de circunstancias y personas.

Ejemplo 1

Jenny ha estado batallando con la bebida problemática durante décadas. Ella sabía que podría haber bebidas alcohólicas en la próxima fiesta de la compañía. Ella también sabía que sus compañeros de trabajo a veces la presionaban mucho para que bebiera. Jenny y su terapeuta desarrollaron un plan antes de la fiesta. Jenny eligió evitar el ponche y beber sólo lo que podía tolerar. Ella bebió refrescos, no consumió más de una bebida alcohólica, se quedó no más de tres horas y le pidió a su novio que la recogiera después de la fiesta.

Ejemplo 2

John creía que no había sido "bueno" y que había sido un "fracaso" en la oficina, en su relación romántica y en su entorno inmediato. Con el tiempo, se dio cuenta de que las cosas malas iban a pasar y que las cosas siempre podían ser problemáticas para él. Esto le hizo darse por vencido fácilmente y creer que "no tiene sentido esforzarse".

El terapeuta de John le ayudó a identificar todas estas creencias y consideró la evidencia de estas. Descubrió que veía el mundo en blanco y negro, y comenzó a desafiarse a sí mismo para encontrar el equilibrio. John también descubrió cómo ser más asertivo y a la vez realizar actividades que le hicieran sentirse bien consigo mismo.

Herramientas Cognitivas

Una vez que los individuos abordan las prácticas de autocontrol y evaluación personal, a menudo descubren métodos disfuncionales de pensamiento y formas problemáticas de pensar que les impiden tener éxito. Si y cuando localices estas rutinas mentales, puedes alterarlas usando la práctica de la reestructuración cognitiva, o la práctica de determinar y transformar los pensamientos no deseados en decisiones más prudentes. El registro imaginario disfuncional y la versión ABCD que hemos tocado anteriormente te guiarán hacia el descubrimiento y la transformación de las cogniciones que prohíben el éxito.

Herramientas de Comportamiento

Al tratar de transformar los métodos disfuncionales de pensamiento y los hábitos problemáticos de la cabeza, existe una excelente estrategia. Los terapeutas de TCC pueden a menudo tener que ayudar a sus pacientes a encontrar y liberar creencias centrales limitantes que se observan bajo cogniciones superficiales. Como es improbable triunfar sin necesitar completa confianza en nosotros mismos, dejar ir estas creencias no deseadas que tenemos sobre nosotros mismos es igualmente vital para el éxito. Afortunadamente, nos hemos encontrado con evidencia que ya no sirve a nuestras demandas de ejercicios y tareas de comportamiento en el trabajo. La estimulación conductual (escalar el refuerzo positivo y disminuir las rutinas conductuales desfavorables), el ensayo conductual (entrenamiento para ocasiones y situaciones inminentes), junto con los experimentos conductuales (ejercicios de recolección de información utilizados para probar la validez de los pensamientos y creencias) son tres herramientas conductuales comunes.

Opiniones de 360 grados

Si deseas mejorar tus niveles de habilidades socio-emocionales, tus habilidades para comunicarte con los demás, junto con tu posición profesional, un instrumento eficaz es la retroalimentación de 360 grados o las opiniones de múltiples fuentes. Aunque las evaluaciones de 360 grados se utilizan con mayor frecuencia en entornos profesionales, también pueden ser útiles para medir la opinión de otros en entornos sociales, familiares y comunitarios. Al hacer que otras personas con las que interactúas regularmente completen una evaluación de las debilidades y fortalezas de cada uno, puedes adquirir una visión invaluable de la forma en que los demás te ven personalmente y descubrir habilidades no desarrolladas que podrían ayudarte a ascender al siguiente nivel. Es fundamental no enfadarse, ya que la mayoría de los comentarios que se reciben deben ser aceptados de todo corazón y empleados para la expansión.

Ejercicio de Aclaración de Valores

La última herramienta que vamos a ver será fantástica para las personas que luchan por encontrar el significado de la existencia y está disponible en la modalidad de la popular clínica de Terapia de Aceptación y Compromiso, llamada la práctica de la cautela de los valores. Es bastante fácil culpar al desarrollo individual con la noción errónea de que el éxito, el dinero y la mejora de las conexiones son las cosas que debemos buscar. Reevalúa tus valores y determina el tipo de individuo que deseas ser. Esto puede ayudarte a mejorar tus niveles de bienestar.

Dependiendo de la eficacia verificable de la TCC, es claro cómo todos nosotros podemos utilizar sus estrategias metódicas hacia el logro de nuestras metas. Todos podríamos lograr nuestros objetivos definiendo buenos resultados, construyendo objetivos inteligentes, comprometiéndonos con el autocontrol y la autoevaluación, al tiempo que empleamos técnicas de TCC para ayudar en el camino.

Capítulo 4: Ventajas y Métodos de la TCC

En la sociedad actual, los profesionales de la salud y los psiquiatras se apresuran a recetar fármacos psicotrópicos que a menudo provocan efectos secundarios negativos peligrosos para cualquier trastorno que se deba a patrones de ideas o pensamientos. Pero si te dijeran que hay una manera mucho mejor y más segura de cuidar y curar las tensiones y los trastornos mentales a través de la terapia cognitivo-conductual, ¿lo intentarías?

La TCC es sólo una forma de psicoterapia que destaca la importancia de los pensamientos inherentes para determinar cómo actuamos y sentimos. La TCC es considerada como una de las formas de psicoterapia más prósperas que han surgido en décadas; la TCC se ha convertido en el foco de innumerables pruebas científicas.

Los terapeutas de la TCC descubren, investigan y transforman sus patrones de pensamiento y reacciones particulares, ya que son los que crean nuestros sentidos y determinan nuestros comportamientos. El uso de la TCC mejora la calidad de vida del paciente y también le ayuda a manejar mejor el estrés en comparación con los pacientes que se enfrentan a situaciones difíciles de forma independiente.

Lo que puede sorprenderte acerca de la TCC como teoría básica central es que los escenarios extremos, las interacciones con diferentes personas y los eventos negativos no suelen ser responsables de nuestros malos estados de ánimo y problemas. En cambio, los terapeutas de la TCC ven precisamente lo contrario como la causa. Son nuestras reacciones a los eventos, cuanto más nos decimos a nosotros mismos con respecto a estas situaciones (que pueden estar dentro de nuestro control) lo que termina afectando nuestra calidad de vida. Esta es una gran noticia porque indica que podemos cambiarnos a nosotros mismos.

Al usar la terapia cognitivo-conductual, podemos aprender a alterar la manera en que nos sentimos, lo que a su vez altera la manera en que vemos y lidiamos con las circunstancias difíciles cuando éstas surgen. Ahora somos mejores a la hora de interceptar nociones perturbadoras que nos hacen estar estresados, aislados y deprimidos, y probablemente demasiado pesados mentalmente y reacios a cambiar hábitos negativos. Cuando podamos empezar a mirar las situaciones con precisión y serenidad sin distorsionar la realidad o incorporar limitaciones o miedos, seremos capaces de entender cómo reaccionar adecuadamente para ayudarnos a sentirnos mejor a largo plazo de una manera más rápida.

Estos son algunos de los beneficios de la terapia cognitivo-conductual:

1. Disminuye los Síntomas de la Depresión

La TCC es uno de los tratamientos más rápidos y empíricos para la depresión. Los estudios demuestran que la TCC ayuda a los pacientes a superar los signos de depresión: tal como la rabia y el deseo bajo. También reduce el riesgo de recaídas en el futuro. Se cree que la TCC hace bien su trabajo. Es conocida por aliviar la depresión porque produce cambios en la cognición (sentimientos) que alimentan los círculos viciosos de sentimientos no deseados.

Un análisis publicado en la revista, Cognitive Behavioral Therapy for Mood Disorders, encontró que la TCC protege contra episodios severos de depresión y puede ser utilizada junto con o en lugar de los medicamentos antidepresivos. La TCC también ha demostrado ser prometedora como un enfoque para ayudar a manejar la depresión posparto, así como un complemento al tratamiento farmacológico para pacientes bipolares.

Además, se encontró que la terapia cognitiva preventiva (una versión de la TCC) junto con antidepresivos ayudaban a los pacientes que sufrían depresión a largo plazo. Incluso el estudio de 2018 en humanos

TERAPIA COGNITIVO-CONDUCTUAL

analizó a 289 miembros y después los asignó al azar a la terapia cognitiva preventiva y antidepresivos, antidepresivos de forma independiente o a la terapia cognitiva preventiva con un uso decreciente de antidepresivos después de la curación. El estudio encontró que la terapia clínica junto con el tratamiento con antidepresivos era de primera clase en comparación con el tratamiento del alcoholismo solo.

1. Reduce la Ansiedad

Hay fuertes indicadores de que la TCC podría curar enfermedades transmitidas. Los indicadores más fuertes son la curación de las enfermedades que se transmiten, como los trastornos de pánico, el trastorno obsesivo-compulsivo, el trastorno de ansiedad social, el trastorno de ansiedad generalizada y el trastorno de estrés postraumático. En general, la TCC muestra tanto la efectividad en los ensayos controlados aleatorios como la eficacia en ambos entornos naturalistas entre los pacientes con ansiedad y los terapeutas. Los investigadores han encontrado que la TCC funciona bien como un tratamiento orgánico para la ansiedad porque comprende varias combinaciones de las siguientes técnicas:

La psicopedagogía sobre el carácter del miedo y la ansiedad, el autocontrol de los síntomas externos, los ejercicios corporales, la reestructuración cognitiva (por ejemplo, la desconfirmación), la imagen junto con la experiencia in vivo de los estímulos temidos (terapia de exposición), desengancharse de las señales de seguridad que no han tenido éxito, y la prevención de las recaídas.

1. Ayuda a tratar los Trastornos Alimenticios

Se ha comprobado que la TCC ayuda significativamente a manejar la psicopatología subyacente de los trastornos alimentarios y cuestiona la sobrevaloración de la forma y el peso. Además, puede interferir con la ayuda de pesos corporales estériles, mejorar el control de los impulsos, ayudar a prevenir atracones o purgas, disminuir la sensación de aislamiento y también ayudar a los pacientes a sentirse cómodos con los alimentos o situaciones "desencadenantes" por medio de la terapia de exposición. La terapia cognitiva es ahora el procedimiento de preferencia para tratar la bulimia nerviosa y los "Trastornos de la conducta alimentaria no especificados" (EDNOS, por sus siglas en inglés), los dos diagnósticos de enfermedades alimentarias más populares. También hay evidencia de que podría ayudar en la curación de alrededor del sesenta por ciento de las personas con anorexia, que se considera una de las enfermedades mentales más desafiantes para curar o prevenir.

1. Reducir los comportamientos adictivos y el abuso de sustancias

Los estudios han demostrado que la TCC es excelente para combatir la dependencia del cannabis y otras drogas, como el alcohol y la adicción a los opiáceos. También ayuda a la gente a dejar de fumar tabaco y a apostar. Los estudios publicados en el Oxford Journal of Medicine Public Health sobre las soluciones para dejar de fumar también han encontrado que las habilidades de trabajo adquiridas durante los períodos de la TCC fueron tremendamente útiles para reducir las recaídas en las personas que dejan de fumar y parecen ser superiores a otros enfoques curativos. También hay un mayor apoyo a los procedimientos conductuales de la TCC (que ayudan a detener los impulsos) en el tratamiento de las adicciones problemáticas al juego en comparación con los métodos de control.

1. Ayuda a Mejorar la Autoestima y la Confianza

Incluso si nunca sufres de problemas mentales significativos en ningún aspecto, la TCC puede ayudarte a reemplazar los pensamientos dañinos y negativos que causan baja autoestima, con afirmaciones y expectativas positivas. Esto ayuda a abrir nuevas tácticas para manejar el estrés, mejorar las relaciones y aumentar el interés en probar cosas nuevas.

1. Te ayuda a ser más racional

El cerebro actúa esencialmente como un objeto neutro, dando una respuesta basada en la información a su disposición y también en la forma en que fue entrenado para responder. La terapia cognitiva entrena al cerebro para que actúe racionalmente.

En la TCC, se cree que nuestros pensamientos nos conducen a cómo nos sentimos, cómo nos comportamos y cómo manejamos las situaciones. Lo bueno de esto es que tenemos la oportunidad de cambiar la forma en que pensamos y actuamos correctamente, incluso si la situación no cambia.

La TCC ayuda a los pacientes a controlar el patrón de pensamiento que conduce a conductas irracionales. Las personas que se someten a un tratamiento de TCC se les enseñan estrategias con las que pueden sobrellevar mejor cada vez que surgen pensamientos negativos automáticos (ANT). La TCC ayuda a desarrollar formas de controlar el cerebro.

1. Aumenta la confianza en ti mismo.

La TCC ayuda a aumentar la confianza en ti mismo y funciona en tu sistema de creencias, por lo que obtienes un mejor control de tus pensamientos. Con confianza en ti mismo, serás capaz de enfrentar cualquier desafío que se te presente en tu camino hacia el éxito y el logro de tus metas.

1. Te ayuda a mantenerte calmado y relajado

La etapa inicial del aprendizaje sobre la terapia de la ansiedad social es idear una nueva forma de respuesta a la ansiedad. Con el tratamiento de la TCC uno no se asustará con la ansiedad ni con nada que suceda abruptamente a medida que nos acercamos a las cosas con mucha paz y tranquilidad. Nos enseña una mejor manera de manejar los diferentes tipos de situaciones que pueden surgir de una manera más relajada.

1. La TCC ayuda a aumentar tus expectativas, ya que esperas mejores resultados

Debido a nuestra historia pasada y a nuestras dudas sobre nosotros mismos, a menudo esperamos que nos sucedan cosas negativas. Siempre esperamos que las cosas nos salgan mal. La TCC trabaja en esos pensamientos y en tu sistema de creencias para que puedas empezar a actuar de manera más racional. A medida que nuestros pensamientos y acciones se vuelven más racionales, nuestras expectativas también resultan ser más lógicas como esperar que sucedan cosas positivas.

Con la TCC, nos vemos obligados a cuestionarnos repetidamente para determinar si nuestras viejas creencias son racionales o no. ¿Están basadas en hechos? Por otra parte, ¿son cosas que han sido nuestra costumbre durante años y que nunca hemos cuestionado? ¿Cuál es la verdad?

¿Ponemos atención a las respuestas de los demás o sólo prestamos atención a nuestras conclusiones negativas internas? ¿Hay alguna posibilidad de que hayamos caído en la trampa del auto-lavado de cerebro a través de los años?

Nuestros propios pensamientos negativos automáticos pueden reprocesarse en todo el cerebro. ¿Has encontrado una manera de detenerlos? ¿Has explorado la posible explicación de tus acciones y has pensado que podría no haber una razón justificable para sentirte temeroso y ansioso?

A medida que nuestro sistema de creencias es transformado por nuestros pensamientos y creencias que provocan cambios físicos en el cerebro. Una mejor manera de pensar nos lleva a esperar un resultado diferente, positivo. El pronóstico depende de lo que pienses sobre el mismo.

Otros beneficios de la terapia cognitivo-conductual incluyen:

- Prevenir la recaída de una adicción
- Resolver problemas en las relaciones
- Reconocer los pensamientos y emociones negativas
- Manejo del dolor crónico
- Manejo de la ira
- Habilidad para lidiar con el duelo y la pérdida
- Tratar los trastornos del sueño

Cómo funciona la Terapia Cognitiva Conductual

La TCC funciona identificando los pensamientos que surgen continuamente, utilizándolos como señales de actividad favorable y sustituyéndolos por alternativas saludables y mucho más fortalecedoras.

El corazón de la TCC es dominar las técnicas de autocontrol, ofreciendo a los individuos la capacidad de manejar sus reacciones/respuestas ante situaciones de manera lógica, alterar los pensamientos que se dicen a sí mismos y ejercitar la "autoconciencia lógica". Aunque esto ayuda al terapeuta/consejero de la TCC y a la persona afectada a desarrollar confianza y poseer una gran relación romántica, el poder reside en el control del individuo. La disposición de un paciente para explorar sus pensamientos, tener una mente abierta, completar tareas de investigación y la paciencia de la clínica a lo largo del curso de acción de la TCC, puede determinar cuán favorable será la TCC para estos pacientes.

Características que hacen de la TCC una herramienta eficaz

Método pragmático

Las técnicas y la teoría de la TCC se basan en el pensamiento racional, lo que significa que su objetivo es detectar y utilizar estos detalles. Incluso la "técnica inductiva" de la TCC anima a los individuos a examinar sus propias creencias y percepciones para ver si son realistas. Con la TCC, existe la premisa inherente de que se aprenden muchas respuestas conductuales y psicológicas.

Con la ayuda de los terapeutas de la TCC, los pacientes se dan cuenta de que sus premisas e hipótesis de larga data están parcialmente equivocadas, lo que reduce la ansiedad y el sufrimiento innecesarios.

Sentir emociones difíciles o debilitantes: La mayoría de los terapeutas de la TCC pueden ayudar a las personas a aprender a mantener la calma y la lucidez incluso si se enfrentan a situaciones no deseadas. Aprender a aceptar los sentimientos difíciles como "parte de la vida" es crucial, y puede ayudar a prevenir que uno desarrolle un mal hábito. Por lo general, nos alteramos ante nuestros fuertes sentimientos y nos sentimos más angustiados. En lugar de añadir auto culpabilidad, rabia, desesperación o decepción a los sentimientos ya existentes, la TCC instruye a los pacientes a aceptar con calma un problema sin empeorarlo aún más.

Cuestionar y expresar

Los terapeutas cognitivos conductuales suelen hacer muchas preguntas a los pacientes para ayudarles a obtener una perspectiva fresca y realista sobre el problema y también les ayudan a controlar cómo se sienten.

Agendas y Técnicas Definidas

La TCC se realiza generalmente en una sucesión de sesiones que poseen un objetivo, concepto o técnica particular que trabajan en conjunto. A diferencia de otros tipos de terapia, las sesiones no son exclusivamente para que el terapeuta y el individuo hablen abiertamente sin una agenda en mente. Los terapeutas de la TCC enseñan a sus pacientes la manera de manejar pensamientos y sentimientos desafiantes practicando técnicas particulares durante las sesiones que, más tarde, pueden ser implementadas en sus vidas cuando sean más necesitadas.

Terapia Cognitivo-Conductual vs. Otros Tipos de Psicoterapia

La TCC puede ser una especie de psicoterapia, lo que significa que requiere una discusión abierta entre el paciente y el terapeuta. Puede que conozcas otras formas de psicoterapia y te preguntes qué es lo que hace sobresalir a la TCC. A veces, cuando hay una superposición entre varios tipos de psicoterapia, un terapeuta podría utilizar técnicas de varios enfoques de psicoterapia para ayudar a los pacientes a alcanzar sus objetivos. Por ejemplo, para ayudar a cualquier persona con una fobia, la TCC puede combinarse con la terapia de exposición.

¿En qué se diferencia la TCC de otras formas populares de terapia?

La Alianza Nacional para las Enfermedades Mentales establece en qué se diferencia la TCC de otras formas populares de terapia:

TCC vs. Terapia Dialéctica Conductual (TDC)

La TCC y la TDC son los enfoques curativos más comparables; sin embargo, la TDC depende en gran medida de la validación o aceptación de pensamientos, sentimientos y comportamientos incómodos. Los terapeutas de la TDC ayudan a las personas a detectar el equilibrio entre la aceptación y el cambio desde el uso de aplicaciones como la meditación guiada de atención plena.

TCC vs. Terapia de Exposición

La terapia de exposición es un tipo de terapia cognitiva conductual que a menudo se utiliza para tratar los trastornos alimentarios, las fobias y las enfermedades antiinflamatorias. Enseña a los individuos a practicar estrategias tranquilizadoras y pequeñas series de "exposiciones" a los factores desencadenantes (temas que son los más temidos) para que no se preocupen tanto por el resultado.

TCC vs. Terapia Interpersonal

La terapia social se concentra en las relaciones que el paciente tiene con su familia, amigos y compañeros de trabajo. Centrarse en las interacciones sociales y reconocer patrones negativos como el aislamiento, los celos, la culpa o la agresión son parte de la terapia. La TCC puede emplearse con terapia social para ayudar a revelar creencias y nociones subjetivas que fomentan el comportamiento negativo.

Diario de la TCC

Escribir en un diario es la parte más importante de la TCC; esto podría ayudarte a:

- Practicar conversaciones equilibradas y acertadas.

- Aprender a cambiar y controlar las aberraciones y los pensamientos.

- Utilizar las autoevaluaciones para reflexionar y responder de forma sana.

- Aprender cómo puede comprender y evaluar con precisión conductas emocionales tales como situaciones y reacciones externas.

- A través de la utilización de diferentes métodos es posible aprender cómo puede vivir bien y equilibradamente tanto con su mente como con su cuerpo.

Una vez más, el tiempo que una persona pasa en el tratamiento suele ser menor en comparación con alguna otra terapia. Además, tenga en cuenta que la TCC no *curará* la depresión u otros problemas, sino que obtendrás un alivio medible mientras mejora tu vida diaria.

Capítulo 5: Trastornos, problemas médicos y emocionales que la TCC puede tratar

La TCC puede ser muy útil para muchos trastornos y problemas médicos y emocionales. Algunos de los más comunes serán discutidos en detalle en los capítulos siguientes. He aquí un breve resumen de algunos trastornos que la TCC puede tratar.

Trastornos de Pánico

La TCC ayuda a tratar el trastorno de pánico al hacer que el paciente se acerque a lo que más teme, estos períodos de exposición ayudan a cada individuo a aprender que también puede experimentar los síntomas de estar excitado sin tener que temer lo que vendrá después. El ejercicio interceptivo da espacio para que cada individuo enfrente las sensaciones que experimenta físicamente y que acompañan al pánico. Por ejemplo, la hiperventilación también puede introducirse durante las sesiones para ayudar a inducir el mareo o la sensación de mareo. Con la exposición imaginaria, el terapeuta lee guiones que se centran en los miedos de un individuo durante las sesiones una y otra vez hasta que haya una sensación de que los miedos personales se han reducido hasta cierto punto.

Con la Exposición in vivo, los miedos del individuo pueden reducirse drásticamente, permitiéndole evitar situaciones que podrían causar un ataque de pánico. En ciertas ocasiones, hay un conjunto de problemas desafiantes que se producen, y ese individuo sigue los pasos con la ayuda del terapeuta. Después, la actitud del individuo cambiará, permitiéndole buscar y enfrentar consistentemente cada situación difícil.

Depresión

La TCC también puede ayudar a la depresión al usar una técnica conocida como activación del comportamiento. Usando la activación del comportamiento, tanto el terapeuta como el paciente trabajan juntos para introducir nuevos eventos que son placenteros para la vida del individuo. Esto ayudará a cambiar el estado de ánimo de ese individuo evitando lo contrario, aumentando la confianza en sí mismo, aumentando su nivel de utilidad, la actividad física y, en última instancia, reduciendo los pensamientos negativos. La activación de la conducta contiene muchas conductas diferentes, las más comunes son las que producen actividades más placenteras y otras conductas que estresan a los individuos, como limpiar un apartamento desordenado, llamar a miembros de la familia distanciados, o declarar impuestos.

Trastorno de Déficit de Atención/ Hiperactividad (TDAH)

En condiciones normales, el tratamiento para la primera línea del TDAH son los medicamentos (psicoestimulantes). La mayoría de las veces, los medicamentos no son suficientes para muchas personas que tienen TDAH. El objetivo de la TCC para el TDAH es ayudar a muchas personas a cambiar sus habilidades de manejo para lidiar con sus síntomas y con los efectos funcionales y emocionales que se presentan en las personas que viven con el trastorno. Siempre se anima a los pacientes a dar ejemplos de la vida real de algunos problemas específicos y dificultades que enfrentan con el terapeuta para ayudar a encontrar la mejor solución. También es importante que el terapeuta y el paciente introduzcan algunos problemas que podrían llegar a surgir y hagan planes que ayuden a resolverlos.

Trastorno Obsesivo-Compulsivo (TOC)

El método preferido para el tratamiento actual del TOC es el tratamiento semanal de la TCC, que generalmente incluye ejercicios de ERP (exposición y respuesta/ritual de prevención). La exposición y la prevención de la respuesta connotan que el primer individuo es presentado a pensamientos, objetos, imágenes y situaciones que le causan ansiedad u obsesión (exposición). Los individuos entonces se oponen a tener un comportamiento compulsivo cuando se desencadenan las obsesiones o la ansiedad, eso es la prevención de la respuesta. Esto ayuda a detener o reducir las compulsiones.

Fobia Social/Ansiedad Social

El terapeuta que utiliza la TCC para ayudar a los pacientes a desarrollar una nueva forma de comportarse y pensar mediante la adopción de pensamientos realistas y positivos para cambiar todos los pensamientos malos y poco realistas. La reestructuración cognitiva es necesaria para aquellos individuos que se enfrentan a la ansiedad social, ya que están aprendiendo a cuestionar y desafiar cada verdad que hay detrás de sus creencias. Esto se puede hacer dando pruebas sólidas contra cualquier otra creencia que sea problemática en una conversación socrática. Los experimentos conductuales también son importantes ya que muestran a los individuos que los eventos desastrosos conocidos por creencias irracionales no siempre terminan sucediendo durante los períodos de ejercicios de exposición. Esto ayuda a explicar las mentiras sobre sus creencias.

Trastorno Bipolar

Ciertamente, la mayoría de los pacientes que sufren de trastorno bipolar están recibiendo medicamentos, la mayoría de las veces estabilizadores del estado de ánimo, y la evidencia inicial nos explica que la TCC es una terapia efectiva para la farmacoterapia. La TCC para el trastorno bipolar ejerce más fuerza sobre la regulación del estado de ánimo y la psicopedagogía. La psicopedagogía ayuda a educar a las personas sobre lo que es la enfermedad y sus consecuencias, sus efectos secundarios, las opciones de medicación, los síntomas, así como las primeras señales de alerta de los episodios. La TCC ayuda a los individuos a rastrear e identificar sus cambios de humor y a disminuir la reactividad emocional a través del ejercicio consciente, la respiración o el auto relajamiento (distracciones).

Trastorno de Ansiedad Generalizada (TAG)

La TCC es muy efectiva en el tratamiento del TAG; ayuda a disminuir no sólo los síntomas reales de ansiedad, sino también lo que se asocia con los síntomas depresivos, lo que mejorará la calidad de vida. Uno de los entrenamientos más efectivos para el TAG es lo que se conoce como entrenamiento de relajación. Durante las sesiones, los individuos deben aprender a reducir la tensión en los músculos y la respiración superficial, ya que se sabe que ambos causan ansiedad y estrés. Las dos estrategias que se utilizan comúnmente en la TCC son la respiración rítmica, que consiste en ser consciente de la reducción de la respiración y la relajación muscular progresiva, que implica sistemáticamente la tensión y la relajación de diferentes grupos musculares. Hay otros métodos de relajación útiles que pueden ser utilizados, entre los que se incluyen la meditación, escuchar música, masajes y yoga.

Esquizofrenia

La TCC se ha recomendado ahora como un tratamiento para la esquizofrenia y se puede utilizar junto con medicamentos. Al usar la TCC, los individuos llegan a saber que hay un vínculo que conecta sus sentimientos y patrones de pensamiento que subyacen a su malestar. También se enfoca en disputar e identificar las creencias irracionales del paciente a través de experimentos de comportamiento y ciertos descubrimientos.

La TCC puede ser útil para ayudar a los pacientes en todos los aspectos para que puedan validar sus creencias. Este tipo de experimentos suelen animar a los pacientes a ser activos, lo que finalmente conduce a una comprensión más profunda.

Bulimia Nerviosa

La TCC es el tratamiento más utilizado para la bulimia; la enfermedad en su centro se preocupa por la forma del cuerpo y el peso, lo que conduce a dietas excesivas y conductas que son controladas por la imagen corporal. Las dietas excesivas también hacen que uno sea susceptible a una alimentación rápida; el tratamiento de la TCC se centra en mejorar la motivación para el cambio, cambiar la dieta a una flexible y regular, y reducir sus preocupaciones sobre el peso, previniendo la recaída y la preocupación por la silueta corporal. La TCC también ha demostrado ser más eficiente y aceptable que los medicamentos antidepresivos para destruir el consumo excesivo de alimentos; se espera que la TCC elimine los excesos alimenticios y las purgas en casi el 30-50% de los casos, lo que disminuye el nivel de otros síntomas psiquiátricos y mejora el funcionamiento social y la autoestima.

Miedo a Volar/Fobia a Volar

La TCC también es muy efectiva para el tratamiento de muchas fobias, la fobia a volar es una queja muy común que la TCC puede tratar eficientemente. La psico-educación es uno de los componentes más importantes utilizados durante la TCC, y esto se suele añadir al entrenamiento cognitivo y a las técnicas de relajación. La exposición imaginaria también es muy útil; puede ayudar a los pacientes a pensar en situaciones en las que están en un avión, o en cualquier otra circunstancia que pueda ayudar a inducir el miedo, esto tratará de aumentar su ansiedad durante un corto período de tiempo. Sin embargo, una vez que están pensando en lo mismo una y otra vez, su ansiedad disminuye cada vez más y esto les ayudará a manejar mucho mejor las situaciones de la vida real que son mucho más profundas. El desarrollo reciente en el tratamiento de la fobia a volar es la exposición a la realidad, donde los individuos están expuestos a sus miedos a través de una simulación 3D por computadora. Esto ayudará a crear un entorno real, el mismo principio de estar expuesto funciona técnicamente de la misma manera.

Existen varios otros trastornos para los cuales la TCC puede ser utilizada; también discutiremos algunos de ellos en detalle en los capítulos siguientes.

Capítulo 6: TCC para la Depresión

La vida puede ser divertida a veces; y a veces, te sientes abatido. Cuando estás deprimido o sientes que la vida está en tu contra es lo que cualquier otra persona siente en el mundo de hoy. Más de 14,8 millones de adultos en los EE.UU. están afectados por un trastorno depresivo mayor según la Asociación de Ansiedad y Depresión de los Estados Unidos.

La depresión puede ser grave, ya que impide el funcionamiento "normal", lo que significa tanto que simplemente se puede pasar el día estando totalmente abrumado, y luego se puede recurrir al alcohol y a las drogas para aliviar el malestar. Cuando estás deprimido, es como si el mundo se estuviera derrumbando, sólo debes saber que existe una salida y que no hay necesidad de que sigas sufriendo.

La TCC para la depresión comienza por prestar mayor atención a la reducción de los síntomas de la depresión a través de técnicas cognitivas y conductuales destinadas a detectar y desafiar los pensamientos automáticos dañinos.

Una vez que ha habido una reducción significativa en el síntoma de la depresión, los individuos que practican la TCC pueden entonces ser capaces de concentrarse en cómo pueden prevenir que ocurra en el futuro.

La terapia cognitiva conductual para personas deprimidas puede ayudar a restaurar el entusiasmo que tienes por el mundo en el que vivimos; puede ayudarte a pensar de una manera más saludable y a vencer una adicción. Sin embargo, antes de entrar en detalles sobre lo que es la TCC y cómo puede ayudar a tratar la depresión, es muy importante conocer los tipos principales de depresión.

Tipos de Depresión

Trastorno Depresivo Persistente

Esto también se conocía anteriormente como distimia; es un tipo de depresión que la mayoría de las veces continúa durante dos años. Generalmente, esto es mucho más severo que la depresión mayor, pero experimentarás síntomas similares. El Trastorno Depresivo Persistente también se muestra como estrés, incapacidad para disfrutar de la vida e irritabilidad.

Depresión Mayor o Grave

Esto implica sufrir de síntomas depresivos (5 o más) durante unas dos semanas; los episodios depresivos mayores son incapacitantes. Puede interferir con tu capacidad de trabajar, dormir, comer y estudiar. Este tipo de episodios sólo ocurren durante unos pocos períodos a lo largo de la vida, después de una terrible experiencia como la muerte de un miembro de la familia o la pérdida de alguna relación.

Depresión Bipolar

Este tipo de trastorno depresivo muestra cuando tu vida está en un período de ciclos de cambio de estado de ánimo que incluye altos (hipomanía o manía) y bajones depresivos.

Ahora ya eres consciente de los principales tipos de trastornos de depresión, lo común que puede ser y los síntomas; es bueno saber que existe un tratamiento efectivo para la depresión. La TCC es uno de los tipos de psicoterapia que cambia tu patrón de pensamiento; también ayuda a cambiar tus estados de ánimo y conductas. La terapia se origina a partir del trabajo de Aaron T. Beck y Albert Ellis en 1950-1960. En términos generales, el CBD es un tratamiento para la depresión que combina la terapia cognitivo-conductual en la que el terapeuta ayuda a identificar un mal patrón en particular, y tu comportamiento en respuesta al estrés y a las circunstancias desafiantes.

Signos y Síntomas de Depresión

Si tienes alguna preocupación sobre la depresión, hazte estas preguntas para saber si podrás identificarte con alguno de los siguientes síntomas:

- Falta de interés en las cosas que normalmente disfruta

- Pensamientos negativos incontrolables

- Irritabilidad, mal genio y agresión

- Comportamiento imprudente

- Sentimientos de impotencia y desesperanza

- Cambios en el apetito, como comer mucho menos o demasiado

- Odio a sí mismo; un sentimiento de ser insignificante y culpable

- Usar drogas ilegales o recetadas en exceso

- Cansancio antinatural

- Beber más alcohol de lo habitual

- Dolores y molestias inexplicables que también incluyen dolores de estómago, espalda, músculos adoloridos y dolores de cabeza.

Si respondes a una o más de estas preguntas, es posible que estés deprimido y que la terapia cognitivo-conductual te pueda ayudar.

Ir por una TCC a causa de la depresión puede ser desalentador. Sin embargo, aquí hay una pequeña guía de lo que involucrará, así que prepárate:

Terapia

Es posible que quieras reunirte con tu terapeuta por un plazo de 5 a 20 períodos semanales o quincenales. En general, las sesiones pueden durar entre 30 y 60 minutos, durante todo el comienzo de 2 a 4 sesiones; tu terapeuta sabrá si eres realmente adecuado para el tratamiento o si te sientes cómodo con él. Un terapeuta puede preguntarte sobre tus antecedentes o tu pasado, la TCC también se centra en lo que es el presente, pero a veces, puede ser imperativo abrirse sobre tu pasado y cómo te afecta en el presente. Tú decides exactamente lo que necesitas y qué tan bien quieres lidiar con ello, junto con tu terapeuta.

El Trabajo

Con el apoyo de tu terapeuta, cada problema que tienes se divide en diferentes partes. Para ayudarte con eso, es posible que te pidan que lleves un diario para ayudarte a identificar cada una de tus emociones, modos personales y sentimientos físicos. Ambos observarán los comportamientos, pensamientos y sentimientos para ver cómo se están afectando mutuamente y cómo también podrían afectarte a ti. Si no son realistas o útiles, tu terapeuta podría encontrar una manera de cambiar cualquier negatividad. El terapeuta también podría darte "tareas" que implican practicar cómo identificar los cambios que necesitarás hacer todos los días en tu vida. Durante el tiempo de cada reunión, tendrás más oportunidades para hablar sobre tu progreso desde la última reunión; si hay una tarea específica que no está funcionando para ti, deberías discutir tales asuntos. Es posible que nunca puedas hacer las cosas que te gustan hacer; también puedes dictar el ritmo de tu terapia y también puedes seguir desarrollando tus habilidades cuando las sesiones hayan terminado. Esto te permitirá permanecer feliz por muchos años.

¿En qué se diferencia la terapia cognitiva conductual (TCC) de otros tratamientos para la depresión?

El método y el enfoque general de la terapia cognitivo-conductual es algo diferente de muchos otros tratamientos más tradicionales para la depresión. Por ejemplo, la terapia cognitiva conductual: Modifica comportamientos en el presente inmediato mientras cambia tus patrones de pensamiento.

La TCC trata principalmente tus pensamientos problemáticos y conductas indeseables.

- Se fijan metas claras para cada sesión y a largo plazo, es decir, es una terapia orientada a las metas.

- La TCC es educativa. Controlas tus pensamientos y sentimientos, y luego los pones por escrito. El terapeuta también te enseñará habilidades esenciales para sobrellevar las situaciones, tales como la resolución de problemas.

- Te hace jugar un papel activo en tu aprendizaje y recuperación. También podrás completar tareas que serán revisadas al principio de la siguiente sesión.

- La TCC emplea múltiples estrategias, incluyendo juegos de rol, descubrimiento guiado y experimentos de comportamiento.

- La TCC tiene un tiempo limitado.

Cómo la terapia cognitiva conductual puede ayudar con la depresión

Todos somos conscientes de lo debilitante que puede ser la depresión. La depresión es una condición extremadamente común. La enfermedad tiene un impacto negativo en tu vida, así como en la vida de tu familia y amigos. Puede afectar en gran medida a tus empleadores y compañeros de trabajo.

La depresión ha tenido un impacto negativo en el funcionamiento general de la sociedad como conjunto. Por ejemplo, es un hecho que la enfermedad impone una carga financiera sobre ti, el que la padece, así como sobre tu familia, tu cuidador, tu empleador y tu compañía de seguros.

La TCC puede garantizar una nueva oportunidad de vida si estás pasando por una depresión. Por el contrario, si padeces una depresión mayor severa, la TCC, administrada junto con otros medicamentos, es un tratamiento muy efectivo o eficiente.

Pensar negativamente puede retrasar la recuperación de la depresión, y la razón es evidente: Si tienes pensamientos negativos, es más probable que te mantengas deprimido. Pero lo que es menos obvio es la manera en que las personas con depresión manejan sus emociones positivas. Los investigadores han hecho una observación asombrosa: Las personas con depresión nunca carecen de emociones positivas; nunca se permitirán sentirlas.

Este estilo cognitivo se conoce como "amortiguamiento" e implica suprimir las emociones positivas con pensamientos como "este buen sentimiento no durará," "no merezco ser tan feliz." Por ejemplo, una nueva madre con depresión posparto podría empezar a dudar de sí misma y de su capacidad para recuperarse porque es una mala madre por estar deprimida en primer lugar.

El pesimismo defensivo hace que las personas con depresión piensen de esta manera. Trata de proteger en contra de que se desvanezcan las grandes esperanzas. "Nunca quieres ser el tonto, así que recurres a amortiguar los pensamientos positivos para protegerte de una posible decepción."

Se cree que la TCC ayuda significativamente con el tratamiento de la depresión. Con la TCC, tú y tu terapeuta trabajan mano a mano, es decir, juntos, para llegar a un acuerdo sobre los patrones de comportamiento que necesitan ser cambiados. El propósito o la meta es recalibrar la parte de tu cerebro que trata de controlar tanto los pensamientos felices.

Una reacción imprevista a un evento importante de la vida puede ser la raíz del efecto amortiguador. A través de la TCC, tú y tu terapeuta la abordan y trabajan para ponerla en perspectiva.

Las sesiones regulares de terapia cognitiva conductual y el trabajo que la gente realiza en ellas ayudar a reforzar los nuevos patrones. Reconocer esos pensamientos negativos y dejarlos atrás puede ser muy liberador.

Técnicas de terapia cognitiva conductual para contrarrestar los pensamientos negativos de la depresión

Las personas con depresión no responden bien al autoestudio. Por esta razón, se recomienda comprometerse con la TCC durante al menos siete semanas. Tu terapeuta te enseñará estrategias que pueden ayudar a frustrar o contrarrestar los pensamientos negativos asociados con la depresión. Él o ella también pueden ayudarte a permanecer en el buen camino con la práctica de las técnicas.

Aquí está la lista de estrategias de TCC en las que puedes trabajar con tu terapeuta:

1. Localiza el problema y haz una lluvia de ideas o investiga las soluciones.

Hablar y escribir en un diario con tu terapeuta puede ayudarte a descubrir la raíz de tu depresión. Una vez que tengas alguna idea o impresión, escribe lo que te está molestando y piensa en maneras de mejorar la situación.

Un rasgo distintivo de la depresión es la desesperanza, no creer que las cosas puedan mejorar. Anota listas de cosas que se pueden hacer para mejorar una situación y esto ayudará a aliviar los sentimientos depresivos. Por ejemplo, si estás luchando contra la soledad, los pasos a seguir pueden consistir en unirte a un club local de acuerdo con tus intereses o en inscribirte en citas en línea.

1. Escribe auto declaraciones para contrarrestar los pensamientos negativos.

Después de encontrar los problemas de raíz de tu depresión, piensa en todos los pensamientos negativos que usas para amortiguar los positivos. Escribe una auto afirmación para contrarrestarla con cada pensamiento negativo. Siempre anota tus auto-afirmaciones y repítelas cuando notes que la vocecita en tu cabeza se te acerca para apagar un pensamiento positivo. Muy pronto, crearán nuevas asociaciones, reemplazando todos los pensamientos negativos con pensamientos positivos.

1. Las autoafirmaciones no deben ser demasiado positivas o de lo contrario la mente podría tener dificultades para aceptarlas.

Por ejemplo, si el pensamiento negativo dice: "Me siento tan deprimido ahora mismo", en lugar de decir: "Me siento realmente feliz ahora", sería mejor reformularlo de la siguiente manera: "Toda vida experimenta altibajos, y la mía también". Esto te dice que está bien aumentar el grado o la tasa de felicidad que experimentas. Al mismo tiempo, la mente se aplaude a sí misma por mantener la alegría y la felicidad bajo control para protegerse de la decepción. Es muy bueno reconocer esa parte de TI que está tratando de hacer algo saludable.

En algún momento, las auto afirmaciones se vuelven demasiado rutinarias y necesitan ser refrescadas. Repite tus auto afirmaciones o tradúcelas a cualquier idioma que hables, tal vez podría hacer surgir un poco tus sentimientos de felicidad. Por ejemplo, la auto afirmación, "Es muy bueno explorar mis sentimientos positivos", podría convertirse en "Es bueno tener un día súper bueno".

Si tienes una pareja o un ser querido que sufre de depresión, existe la posibilidad de que la TCC los trate eficazmente dependiendo de la gravedad. Además, podrías enfrentar el desafío de que tu ser querido se sienta renuente a buscar ayuda para la depresión.

La manera ideal de levantar el ánimo de esa persona para asistir a una sesión de TCC es discutir con calma sus temores y preocupaciones acerca de ir a la sesión, en lugar de decirles que tienen que ir. Muéstrales preocupación y apoyo y asegúrales que no piensas que algo anda mal con ellos; en vez de eso, sólo quieres que obtengan ayuda para que puedan enfrentar su desafío actual.

A veces, las personas deprimidas quieren ayuda pero no tienen ni idea de qué hacer ni por dónde empezar. Al ofrecerte a acompañar a visitar a un terapeuta para programar una cita, pueden mejorar sus posibilidades de comprometerse con la TCC.

Capítulo 7: TCC para la Ansiedad

La TCC se utiliza principalmente en todas partes como terapia para los trastornos de ansiedad; se han realizado muchas investigaciones para demostrar la eficacia de este tratamiento de las fobias, los trastornos generalizados y el trastorno de pánico, entre otras muchas afecciones probables. Esto examina los terribles patrones y aberraciones en la forma en que vemos el mundo y a nosotros mismos en general, tal como su nombre lo indica, involucra dos categorías;

1. **Terapia Conductual:** Esto profundiza en cómo puedes reaccionar y comportarte en circunstancias que provocan ansiedad.
2. **Terapia Cognitiva:** Ésta observa cómo los malos pensamientos o cogniciones se suman a la ansiedad.

La proposición fundamental de la TCC es que son nuestros pensamientos y no lo que sucede externamente lo que afecta cómo nos estamos sintiendo, es decir, no es exactamente la circunstancia que estás sintiendo ahora mismo la que determina la percepción de esa situación en particular. Por ejemplo, digamos que te han invitado a una fiesta en algún lugar. Veamos las diferentes maneras de ver la invitación y cómo este pensamiento puede afectar tu estado emocional.

Situación 1: Un amigo te invita a una gran fiesta

Pensamiento 1: La fiesta suena como que va a ser muy divertida, estoy emocionado de salir y conocer gente nueva.

Emociones: Tranquilidad, entusiasmo.

Pensamiento B: Las fiestas no son lo mío, prefiero quedarme a ver películas.

Emociones: Neutral.

Pensamiento C: No sé qué decir o cómo actuar cuando estoy en una fiesta, probablemente haré el ridículo si voy.

Emociones: Infeliz, ansioso.

Ahora sabes que un tipo de evento puede resultar diferente para personas con diferentes tipos de emociones. Todo depende fuertemente de las expectativas, creencias y actitudes de cada individuo. Para este tipo de personas con trastornos de ansiedad, los terribles patrones de pensamiento evocan las terribles creencias y pensamientos. Esta concepción se produce cuando cambias tu manera de pensar, y también puedes cambiar la manera en que te sientes.

Técnicas cognitivas conductuales que necesitarás para vencer la ansiedad

1. La capacidad de reconocer los pensamientos negativos persistentes

La cavilación es cuando te molesta una y otra vez un pensamiento preocupante cuando piensas en los problemas; disminuye tu capacidad para resolver cualquier problema. Si estás constantemente cavilando, es mejor esperar pacientemente para resolver el problema primero en vez de esperar a que el problema ya no tenga solución y luego comenzar a cavilar sobre él.

Si puedes aprender a reconocer cuando estás cavilando, entonces es apropiado que utilices métodos cognitivos de conducta o que estés muy presente para que te ayuden a detener el acto de cavilar inconscientemente. Lo mejor que puedes hacer cuando te encuentres cavilando es aceptar que estás teniendo el pensamiento que sea en ese momento, y aceptar que puede estos pensamientos no sean ciertos, pero aun así permite que esos pensamientos pasen rápidamente en su propio tiempo en lugar de bloquearlos.

1. La habilidad y la voluntad de usar técnicas conscientes

Las técnicas de atención también ayudan a disminuir la ansiedad y luego a aumentar la fuerza de voluntad, la práctica de mantenerte presente te ayudará a reducir la evasión, a hacer otra mejor elección incluso cuando los sentimientos son ansiosos, y esto te ayudará a reducir la cavilación. Prueba el ejercicio de caminar 10 minutos prestando atención.

1. La capacidad de tolerar la incertidumbre

La investigación ha demostrado que no soportar la incertidumbre es uno de los factores significativos de la ansiedad y la depresión. No soportar la incertidumbre es tener ansiedad y es cuando no estás 100% seguro de que un evento negativo no sucederá. Las personas que no son capaces de tolerar la incertidumbre a menudo se mantienen alejadas de situaciones como la búsqueda de consuelo, retrasan la toma de acciones, se niegan a delegar, hacen comprobaciones excesivas y postergan las cosas.

1. Capacidad de reconocer las distorsiones de los pensamientos

Diferentes tipos de anomalías del pensamiento incluyen la disminución de la propia capacidad personal para sobrellevar la situación, la lectura personalizada de la mente, juzgar a otras personas o a uno mismo, hacer demasiados pronósticos negativos, tomar a cada persona como blanca o negra en lugar de gris, pensamientos relativos al derecho inherente que tiene la persona (por ejemplo, pensar en reglas normales que no deberían aplicarse) y muchos más. La clave principal es saber que la aberración del pensamiento es cuestionarte cuando tienes sentimientos de depresión. También puedes intentar hacer un Registro de Pensamientos en la TCC.

1. La capacidad de hablar contigo mismo amablemente sobre tus imperfecciones y errores

Criticarte a ti mismo cuando intentas algo y cometes un error, o cuando tus imperfecciones aparecen, puede llevarte a la cavilación y a evitar sobrellevar la situación. Los estudios nos han demostrado que cuando hablas contigo mismo, no sólo te hace sentir mejor, sino que también aumenta tu autoestima y mejora tu motivación.

Pensamientos desafiantes en la TCC para la ansiedad

La reestructuración cognitiva, también conocida como pensamiento desafiante, es una serie de pasos que ayudan a confrontar las formas de pensamiento erróneas que la mayoría de las veces contribuyen a la ansiedad y luego cambiarlas con pensamientos más realistas y positivos. Esto toma unos tres pasos;

- Reemplazar los pensamientos negativos por pensamientos realistas

Una vez que conozcas las aberraciones irracionales y negativas en tus pensamientos, entonces podrás cambiarlas con pensamientos nuevos y positivos. Tu terapeuta puede idear una afirmación tranquilizadora y realista que siempre puedes decirte a ti mismo cuando estás previniendo o enfrentando una circunstancia que aumenta tu nivel de ansiedad.

- Identificar tus pensamientos negativos

Con los trastornos de ansiedad, se sabe que algunas situaciones son mortales, más de lo que se sabe, por ejemplo, para alguien con fobia a los gérmenes, estrechar las manos de otra persona puede parecer amenazador. Aunque podría ser posible que veas que es un miedo irracional, conocer tus pensamientos personales irracionales y espantosos puede ser muy difícil. Una manera es preguntarte a ti mismo sobre lo que estás pensando cuando estás ansioso. Tu terapeuta personal puede ayudarte con este proceso.

- Desafiando tus pensamientos negativos

Usando este método, tu terapeuta puede ayudarte a aprender a examinar los pensamientos que provocan ansiedad; esto también involucra preguntar sobre los hechos de tus pensamientos amenazantes, poner a prueba la verdad sobre el pronóstico negativo y analizar las creencias que no te están ayudando. Los métodos utilizados para desafiar los pensamientos negativos implican sopesar los pros y los contras de la preocupación, llevar a cabo experimentos o mantenerte alejado de las cosas que temes y saber que la posibilidad real de que aquello por lo que has estado ansioso de repente ocurrirá.

Para saber cómo funcionan estos pensamientos desafiantes durante la TCC, hay que entender el siguiente ejemplo: María no tomará el metro sólo porque tiene miedo de desmayarse y luego la gente puede pensar que está loca. Su terapeuta le dijo que anotara sus terribles pensamientos, las aberraciones cognitivas, o que identificara cuál es el error en lo que ella piensa y que luego hiciera una interpretación que fuera racional. Los resultados se exponen a continuación;

Desafiando los Pensamientos Negativos

Pensamiento Negativo A: ¿Y si me desmayo en el metro?

Aberraciones Cognitivas: Predecir lo peor.

Pensamientos más realistas: Nunca me he desmayado antes, así que no es seguro que lo haré

Pensamiento Negativo B: Una vez que me desmaye, todo saldrá mal.

Aberración cognitiva: Exagerar las cosas

Pensamientos más realistas: Si me desmayo, volveré en unos minutos. Eso será terrible.

Pensamientos Negativos C: La gente podría asumir que estoy loca

Aberraciones Cognitivas: Llegar a conclusiones precipitadas

Pensamientos más realistas: Es más probable que la gente se preocupe si me encuentro bien.

Cambiar los pensamientos negativos con un pensamiento más realista es mucho más fácil de decir que de hacer. A menudo, los malos pensamientos son parte de las formas de pensar de toda la vida; esto implica hacer trabajo extra para romper ese hábito. Esa es una de las razones por las que la TCC es una práctica individual y en casa también. La TCC también implica;

- Confrontar tus miedos (ya sea en la vida real o imaginarios).

- Aprender a saber cuándo ya te estás sintiendo ansioso y cómo se siente eso en tu cuerpo.

- Aprender a lidiar con las habilidades y los métodos de relajación para contrarrestar el dolor y la ansiedad.

Terapia de exposición para la ansiedad

La ansiedad no es una experiencia favorable, por lo que es mejor mantenerse alejado de ella naturalmente si puedes, uno de los métodos que la mayoría de las personas utilizan es mantenerse alejado de aquellos problemas que los hacen sentir ansiosos. Si tienes miedo a las alturas, puedes tratar de conducir durante horas para evitar cruzar un puente muy alto, o si el miedo a hablar en público te pone los pelos de punta, también puedes saltarte la boda de tu mejor amigo sólo para evitar hacer un brindis. Pero aparte del hecho de que podría no ser conveniente, no tendrás la oportunidad de superar esos miedos.

La terapia de exposición, como su nombre lo indica, implica que a través de la vulnerabilidad consistente, serás capaz de sentir un elevado sentido de control sobre cada circunstancia y entonces la ansiedad comenzará a reducirse. La exposición se puede hacer de una de dos maneras; es posible que quieras imaginarte un problema que te dé miedo para enfrentarte a una situación de la vida real. La terapia de exposición podría utilizarse sola o como parte de la TCC aplicada.

Desensibilización Sistemática

En lugar de hacer frente a tu mayor miedo de inmediato, lo cual pudiera ser traumatizante, en la terapia de exposición, por lo general se comienza con problemas que son sólo amenazas leves y se va incrementando a partir de ahí. Este método gradual también se conoce como desensibilización sistemática y te permite recuperar gradualmente tu confianza, desafiar tus miedos y dominar tus habilidades para dominar el pánico.

Enfrentar el miedo a volar
Paso A: Ver las fotos de los aviones
Paso B: Ver videos de aviones volando
Paso C: Ver cómo despegan los aviones reales.
Paso D: Reserva un boleto de avión
Paso E: Prepara las maletas para tu vuelo
Paso F: Conduce hasta el aeropuerto
Paso G: Regístrate para tu vuelo
Paso H: Espera para abordar
Paso I: Súbete al avión
Paso J: Toma el vuelo.
La desensibilización sistemática consta de tres partes;
Aprender habilidades de relajación
En primer lugar, tu terapeuta personal te explicará un método de relajación que incluye respiración profunda o relajación muscular que puedes practicar solo en casa o en la terapia. Inmediatamente, comenzarás a enfrentar tus miedos, y este método de relajación te ayudará a disminuir tu respuesta física a la ansiedad (como la hiperventilación y temblores) también estimulará la relajación.
Creación de una lista de pasos
La siguiente tarea es crear una lista de 10-20 circunstancias que podrían aumentar tu objetivo final, por ejemplo, si uno de tus objetivos

finales es enfrentarte a tu miedo a volar, podrías resolver esto simplemente mirando las fotos de los aviones y terminando en un vuelo real. Cada paso debe ser lo más práctico posible, con un objetivo claro y medible.

Trabajando siguiendo los pasos

Con la ayuda de tu terapeuta, comenzarás a trabajar con la lista para que puedas permanecer en cada circunstancia de miedo hasta que tus miedos desaparezcan, así aprenderás que tus sentimientos pueden no herirte y que no se irán, cada vez que la ansiedad se vuelva demasiado extrema, aprenderás a utilizar la técnica de relajación que aprenderás. Inmediatamente, te habrás relajado de nuevo, podrás volver a prestar atención a la situación, de esta manera, trabajarás a través de los métodos hasta que hayas sido capaz de terminar cada paso sin sentirte totalmente incómodo.

Terapias complementarias para el Trastorno de Ansiedad

A medida que empieces a examinar tu trastorno de ansiedad personal en la terapia, es posible que también quieras experimentar plenamente con otras terapias complementarias que tienen como objetivo reducir tu nivel de estrés, ayudándote a lograr el equilibrio emocional.

- Los métodos de relajación como la meditación consciente, la relajación muscular progresiva, practicada con regularidad, pueden disminuir la ansiedad y aumentar tu bienestar emocional.

- La hipnosis se puede utilizar a veces junto con la TCC para la ansiedad, incluso cuando se está en un estado de relajación constante y profunda; el hipnoterapeuta utiliza varios métodos terapéuticos para ayudarte a enfrentarte a tus miedos y a verlos desde otro ángulo.

- El ejercicio es uno de los calmantes naturales de la ansiedad y el estrés. Las investigaciones han demostrado que incluso una pequeña sesión de ejercicio de unos 30 minutos, de 3 a 5 veces por semana, también puede proporcionar un mejor alivio de la ansiedad. Para lograr un mejor resultado, un máximo de una hora de ejercicio es suficiente en la mayoría de las ocasiones.

- La biorretroalimentación utiliza sensores que favorecen funciones fisiológicas específicas como la respiración, la tensión muscular y la frecuencia cardíaca, que se utilizan para explicar cómo responde tu cuerpo a la ansiedad y cómo aprender a controlarla mediante métodos de relajación.

Cómo hacer que la terapia para la ansiedad funcione para ti

No puedes apresurarte a arreglar los trastornos de ansiedad rápidamente, para superar la ansiedad realmente necesitas estar comprometido, y también toma mucho tiempo. La terapia también incluye confrontar tus miedos en lugar de mantenerte alejado de ellos, a veces, la mayoría de las personas se sienten peor antes de mejorar. Lo más necesario es acostumbrarse al tratamiento y seguir los consejos que te da tu terapeuta. Si te sientes desanimado con la forma en que te estás recuperando, sólo mantén en tu mente que la terapia para la ansiedad siempre es muy eficiente, y que seguramente obtendrás los beneficios si eres capaz de completarla.

También puedes dar todo tu apoyo a tu propio terapeuta de ansiedad tomando siempre buenas decisiones, todo lo que haces, desde tus actividades hasta tu vida social, afecta tu nivel de ansiedad. Siempre marca el ritmo del éxito haciendo un esfuerzo para permitir la relajación, una actitud mental positiva e incluso vitalidad en tu vida diaria.

- Adopta un estilo de vida que sea saludable, cuando se realizan actividades físicas, se reduce totalmente la ansiedad y la tensión, por lo que debes crear tiempo para hacer ejercicio regularmente. Asegúrate de no usar drogas o bebidas alcohólicas para controlar los síntomas y trata de mantenerte alejado de estimulantes como la nicotina o la cafeína, que pueden empeorar los trastornos de ansiedad.

- Aprende acerca de la ansiedad: Para que puedas superar la ansiedad, es muy importante que aprendas a saber dónde está el problema y ahí es donde realmente está la educación, sólo debes saber que sólo la educación no curará completamente un trastorno de ansiedad, sino que te ayudará a sacar más provecho de la terapia.

- Disminuye totalmente el estrés en tu vida, trata de observar tu vida durante el estrés y busca métodos para reducirlo. Mantente alejado de las personas que siempre te están haciendo sentir ansioso y que se rehúsan a tomar responsabilidad, dedica tiempo extra para divertirte y añadir relajación a tu horario diario.

- Cultiva tener las conexiones correctas con cualquier otra persona, estar solo y aislado hace que sea muy fácil ponerse ansioso. Reduce tu exposición a la ansiedad acercándote a la gente, haz que sea importante ver a tus amigos, únete a grupos de apoyo y comparte tus preocupaciones y angustias con tus seres queridos.

Capítulo 8: TCC para el miedo y las fobias

Ciertas personas inmediatamente forman una mentalidad negativa contra otros en lugar de animarse a conocer cosas positivas acerca de otras personas.

Hacer amistad con otras personas que trabajan en los mismos métodos contigo y tus amigos puede ser muy emocionante cuando tienes una mente positiva y cuando compartes las experiencias de todos los días. Aquí hay algunas maneras de usar la TCC para eliminar el miedo y la fobia.

1. Acepta la decepción como una parte normal de la vida.

Algunas circunstancias inesperadas son un aspecto de la vida y lo bien que respondas a ellas muestra lo rápido que avanzarás. Algunas personas podrían estar pasando por una ruptura y luego empezar a culparse por lo que pasó. Pensamientos como "¿de qué sirve lucir bien? Nunca conoceré a alguien como él/ella", es un ejemplo.

Plan de acción:

Trata tanto como puedas de entender que esos escenarios pueden estar fuera de tu control.

Trabaja en aquellas cosas que estén a tu alcance, escribe las cosas que sucedieron, la experiencia que obtuviste de ellas y las cosas que esperas poder hacer de otra manera en otro momento, vigila los malos pensamientos que siempre te vienen a la mente. Esto te guiará sobre cómo seguir adelante y sentirte bien al respecto.

1. Termina cada día visualizando la mejor parte.

Cuando termine el día, anota o escribe en un diario las cosas de tu vida por las que siempre estás agradecido, registra cada pensamiento positivo. Podrías incluso compartir tus pensamientos en línea; esto te ayudará a encontrar nuevos amigos o te mostrará mejores maneras de hacer las cosas.

Tratamiento para las fobias

Las fobias no necesitan ser tratadas hasta que tu miedo te impida realizar la tarea necesaria, trabajar o tener buenas relaciones. Por ejemplo, si decides vivir en los Estados Unidos y sabes que tienes miedo de los tigres, podrías decidir no visitar el zoológico; preferiblemente, deberías pasar más tiempo aprendiendo cómo tratar tus fobias. La mayoría de los tipos de trastornos de ansiedad tienen cura, lo que demuestra que no todos los tratamientos pueden funcionar para todos los tipos de fobia. Cuando estás buscando el tratamiento para un tipo particular de fobia, los métodos a utilizar por cada terapeuta pueden ser diferentes. A continuación, se incluyen algunas formas comunes de terapia para tratar las fobias.

Terapias cognitivas conductuales para las fobias

La Terapia cognitivo-conductual (TCC) te permite hacerte cargo de tus miedos ayudándote a cambiar gradualmente tu forma de pensar; su base fundamental son las conexiones entre los pensamientos, las conductas y las creencias. Una persona que tiene una fobia sabe que las situaciones que teme son realmente peligrosas. Por lo tanto, esto llevará a esa persona a desarrollar pensamientos negativos tan pronto como se enfrente a ese miedo. Esto puede significar que hay que modificar varios patrones para cambiar sus pensamientos.

Para superar esto con éxito, el terapeuta podría ser necesario primero para desarrollar un plan de tratamiento. Por ejemplo, si tienes miedo a los perros, el plan de tratamiento podría ser, primero, en tomarte un tiempo para leer todo sobre perros y ver películas sobre perros. Además, lleve a esa persona a un lugar donde se cuiden perros para demostrar que no son peligrosos.

Terapias de grupo para aliviar los miedos

La teoría de la Conducta Cognitiva es un tipo muy común de grupos que componen la terapia para las fobias, aunque hay varias formas de terapia que se pueden usar en este método. Algunas sesiones de TCC para la fobia pueden ser en forma de seminarios que pueden durar una hora o varios días. Por ejemplo, las personas con fobia a las alturas o a volar pueden reunirse en el hotel del aeropuerto para una breve reunión durante el fin de semana. En esta reunión, podrán participar en combinaciones de sesiones de vulnerabilidad y clases de psicopedagogía en el aeropuerto.

Terapia Individual

La terapia individual hace posible que el terapeuta y el individuo se enfoquen apropiadamente el uno en el otro, construyendo una amistad sólida y trabajando juntos para resolver el problema. Sin embargo, las terapias relacionadas y el psicoanálisis pueden progresar durante meses o incluso muchos años, mientras que las terapias a corto plazo como la TCC pueden producir resultados en muy pocas sesiones.

Terapia Familiar

Si el terapeuta descubre que la familia también puede contribuir al desarrollo de fobias, es posible sugerir a la familia parte de los planes de terapia. Un ejemplo muy común es la aplicación de la terapia familiar que permite la comunicación entre otros miembros de la familia. La terapia familiar es un plan muy común para los niños que tienen fobias.

Capítulo 9: TCC para los hábitos inadaptados o malos hábitos

Las conductas inadaptadas se refieren a aquellas conductas que refrenan tu capacidad de mejorar en situaciones saludables específicas. Te impiden hacer frente a las demandas y el estrés asociados con la vida. A menudo, se utilizan para detener la ansiedad; las conductas inadaptadas conducen a resultados no productivos y disfuncionales, que son más perjudiciales que útiles. Las conductas inadaptadas pueden ser clasificadas como disfuncionales, ya que brindan al malestar asistencia a corto plazo pero no afrontan la ansiedad a largo plazo. Estas conductas no son productivas ya que no están haciendo nada para prevenir el problema y esto puede significar una dificultad subyacente.

Algunas conductas inadaptadas conocidas están relacionadas con el trastorno de pánico, y entre ellas se encuentran:

La Evasión

Para muchas personas, los síntomas que obtienen del trastorno de pánico a menudo provocan un comportamiento evasivo. Esto puede llevar a la agorafobia, que es una complicación común que ocurre en el 25%-50% de las personas con trastorno de pánico. La agorafobia tarda poco tiempo en desarrollarse o puede aparecer rápidamente. Algunas de las personas que la padecen creen que el síntoma de agorafobia se produce inmediatamente después de su primer ataque de pánico. Inmediatamente se arraiga. Las conductas de evasión se multiplican rápidamente.

Abuso de sustancias

Las personas que tienen un trastorno de ansiedad, incluyendo también la agorafobia y el trastorno de pánico, a menudo consumen alcohol u otra sustancia como método para lidiar con la ansiedad y los miedos.

Las investigaciones han demostrado que las personas que tienen un trastorno de ansiedad son más propensas a tener un trastorno por abuso de sustancias o alcohol que las que no tienen un trastorno de ansiedad. El abuso del alcohol u otras formas de drogas para controlar la ansiedad y el estrés se clasifica como un comportamiento inadaptado, ya que proporciona muy poco alivio de la ansiedad y esto podría crear muchos más problemas. El abuso de sustancias o alcohol no soluciona ninguna dificultad a largo plazo; el abuso de drogas puede llevar a la dependencia, la tolerancia y, para algunas personas, a la adicción.

Retirarse o abandonar

Muchos retos de la vida no necesitan acciones continuas tanto mental como conductualmente; a menudo, luchamos y logramos el éxito, y también hay momentos en los que luchamos y aun así fallamos. Cuando lo segundo ocurre, es posible intentarlo de nuevo o retirarse de los conflictos aceptando nuestras situaciones. Cuando se trata de otros trastornos de ansiedad o pánico, retirarse no está en sintonía con la recuperación. Este es un comportamiento inadaptado porque significa que vamos a sucumbir a la enfermedad y luego no seremos capaces de enfrentarnos a los desafíos de la vida. En realidad, ¡retirarse significa darse por vencido!

Convertir la ansiedad en ira

Es natural que aquellos que están lidiando con agorafobia, trastorno de pánico u otro trastorno se frustren fácilmente debido a sus condiciones.

A veces, esta frustración lleva a la ira hacia ti mismo, hacia la gente, y por lo que estás pasando en el presente.

Este tipo de ira existe en la ansiedad, y se asemeja a un sentimiento fuerte que es natural en la experiencia humana. Todo el mundo se ha sentido enojado en un momento u otro y enojarse no es algo malo. Pero, cuando experimentas enojo de manera poco saludable, se convierte en un problema por el hecho de que la ira tiene una forma de aumentar tu ansiedad y hace que tus síntomas de pánico empeoren mucho más. Una cosa interesante es que la TCC trabaja para controlar tu enojo y ayudarte a encontrar maneras de adaptarte a tu ansiedad.

Capítulo 10: TCC para la obsesión y el TOC

Una gran base de datos verifica la eficacia de la TCC para el tratamiento del TOC mediante E/RP. Metodológicamente, los ensayos controlados para la TCC en niños y adultos reportaron que la tasa de éxito llegó al 85% (SOR: A). Lo que la calificó como éxito, es que la mayoría de los pacientes respondieron positivamente a la TCC, incluso si los síntomas permanecen, y hay una cura total, puede que no haya una limpieza completa.

La TCC es diferente a otras psicoterapias. Lamentablemente, el número total de profesionales de salud mental que están calificados y capacitados en TCC para el TOC es muy limitado, lo que también incluye tener información general sobre los métodos. La Obsessive-Compulsive Foundation (Fundación para el Trastorno Obsesivo-Compulsivo) registra que alrededor de 5 millones de estadounidenses que tienen TOC carecen de los medios para recibir terapia conductual. Muchos pacientes que son atendidos en las clínicas han pasado por terapias tradicionales (terapias de conversación) o psicodinámicas que no cuentan con mucha evidencia. Tales métodos tienen la fuerza de las recomendaciones (SOR) de C. Como resultado de esto, muchos individuos angustiados reciben un tratamiento incompleto que incluye medicamentos o psicoterapia sin TCC.

Tres aspectos de la TCC para el TOC

1. **Prevención de la respuesta:** Prevenir conductas compulsivas o rituales que puedan servir para disminuir o alejar la ansiedad.
2. **Terapia Cognitiva:** Entrenar a cada paciente para que conozca y evite las percepciones que provocan ansiedad.

3. **Exposición:** Plantear la circunstancia del paciente que provocará ansiedad relacionada con sus obsesiones. La exposición es sólo para que el paciente pueda enfrentar sus miedos y disminuir su respuesta a la ansiedad.

Prevención de la respuesta

Esto implica aconsejar al paciente que desista de participar en las mismas prácticas continuas o compulsiones que consumen mucho tiempo. Esta parte se basa fundamentalmente en la creencia de que los rituales sirven para disminuir la ansiedad y por lo tanto se refuerzan. Normalmente, la E/RP provoca ansiedad en la mayoría de los pacientes, y como resultado de esto, puede ser importante hacerles saber que una circunstancia que ellos temen se dará con un enfoque jerárquico, comenzando con cosas mucho más fáciles antes de pasar a algo más difícil. Una vez que se han completado las tareas de E/RP se guía al paciente para evitar que ocurran las consecuencias de los miedos.

Terapia Cognitiva

Esto tiene en cuenta que los pacientes que tienen TOC tienen un razonamiento diferente que se sabe que conduce a la influencia, el desarrollo y el mantenimiento de su afección. Hay un tema común que se especifica dentro de la población que incluye la valoración del riesgo, por ejemplo, "la probabilidad de que una casa se queme con un cigarrillo es del 25%".

Una mayor actitud de responsabilidad a pesar del daño, por ejemplo: "Sé que las probabilidades de contraer el VIH por usar un inodoro público son muy escasas, pero no puedo estar seguro de que no lo contraeré". El TOC en la mayoría de los adultos también se ha relacionado con la forma en que se fusiona el pensamiento-acción, de manera que las malas acciones y los pensamientos son vistos como sinónimos. Estos pasos cognitivos no adaptativos a menudo hacen que el comportamiento sea compulsivo, y los pacientes con menos TOC pueden lidiar con los malos pensamientos, la parte cognitiva de la TCC aborda los problemas que hay detrás y expone las maneras en que el paciente puede mejorar su forma de pensar.

Exposición

Además, cuando la familia está involucrada en la TCC suele ser fundamental para su éxito. Los miembros de la familia también pueden ayudar a fomentar los síntomas de los pacientes alentando la evasión, lo cual inadvertidamente precede al crecimiento del trastorno participando en rituales (por ejemplo, permitiendo la evasión compulsiva de los estímulos que causen miedo y permitiendo demoras asociadas con la finalización del ritual). Teniendo en cuenta que, en ocasiones, la TCC da cabida a los padres, al cónyuge del paciente y a otras personas importantes.

Pasos para el TOC

El trastorno obsesivo-compulsivo se presenta en muchas formas, y esto seguramente va más allá de los conceptos erróneos comunes de que el TOC consiste en lavarse las manos repetidas veces o controlar los interruptores de luz. A pesar de que hay percepciones del TOC que son incapaces de reconocer los pensamientos perturbadores que se presentan antes de los comportamientos obsesivos, así como también podrían no reconocer el daño que la compulsión constante puede causar;

existen muchos tipos de TOC capaces de mejorar nuestros pensamientos sobre cualquier tema, miedo o persona, y a menudo son capaces de solucionar los problemas importantes de nuestra vida. Puede mejorar el pensamiento sobre cualquier tema, sobre cualquier temor, sobre cualquier persona, y a menudo fija lo que es importante en la vida de alguien. Por ejemplo, si la religión es muy importante para la persona, el TOC se fija en pensamientos perturbadores aleatorios que rodean a la religión o hacen que la persona que sufre sepa que sus pensamientos o acciones ofenderán a su Dios. Otro ejemplo es alguien que comienza una nueva relación, el TOC hace que la gente cuestione su sexualidad, sus sentimientos, lo que resulta en pensamientos intrusivos constantes, mientras que la persona que sufre puede llegar a preocuparse de que esté engañando a su pareja.

Aunque hay muchas formas de TOC; es probable que el TOC de alguien estará en uno de los cinco pasos principales, con temas que a menudo se extienden también entre estos pasos descritos.

1. Contaminación/Contaminación Mental
2. Simetría y Orden
3. Verificación Compulsiva
4. Acaparamiento
5. Pensamientos Intrusivos

Acaparamiento

El acaparamiento también está incluido en la lista y podría ser una compulsión del TOC si se produce por una razón obsesiva conocida. Sin embargo, algunos aspectos del acaparamiento ya no se consideran TOC y podrían representar una afección distinta y en estos casos se trataría de un trastorno relacionado con el acaparamiento.

Otro comportamiento obsesivo incluido en el TOC es la incapacidad para deshacerse de las posesiones dañadas o desgastadas, también conocida como "acaparamiento". El acaparamiento, conocido desde hace mucho tiempo como un tipo de trastorno obsesivo-compulsivo, se reclasificó correctamente en la revista 2013 de DSM-5 como una afección poco común. Sin embargo, el diagnóstico es complicado porque hay personas con Trastorno Obsesivo-Compulsivo que acaparan debido a temores o preocupaciones obsesivas y que pueden ser diagnosticadas con TOC en lugar de con un trastorno de acaparamiento.

Verificación Compulsiva

Existe la necesidad compulsiva de revisar, pero la fobia obsesiva podría ser de eliminar los daños, las fugas, el peligro o el fuego. Las preocupaciones y compulsiones obsesivas comunes incluyen:

- Recuerdos
- Alarma de la casa/oficina
- Grifos de agua
- Seguridad
- Perillas de estufas de gas o eléctricas
- Coche
- Cerraduras de puertas y ventanas
- Correos electrónicos o cartas
- Luces y velas de la casa
- Verificar con una cámara
- Aparatos eléctricos como planchas para el cabello
- Ruta de manejo y control del vehículo
- Relectura de textos
- Embarazo
- Enfermedades y afecciones
- VIH y SIDA
- Esquizofrenia
- Excitación sexual
- Artículos de valor como billeteras, teléfonos y bolsos.

La mayoría de las veces los chequeos se llevan a cabo varias veces, a veces cientos de veces, y esto puede durar una hora o incluso más, causando un gran impacto en la vida de la persona, su trabajo, vida social, escuela, y otras citas. Esto puede tener una fuerte influencia en la habilidad de una persona para mantener relaciones y trabajos, razón por la cual la frase dice "un poco de TOC" es ofensiva e incorrecta. Otro aspecto importante de controlar la compulsión es que a veces pueden dañar objetos que son persistentemente pinchados, tirados, o incluso demasiado apretados.

Contaminación

La fobia de estar sucio y la contaminación son preocupaciones que son obsesivas, a veces, el miedo es que la contaminación puede causar daño a un ser querido o a sí mismo. La compulsión común puede ser limpiar o lavar repetidamente, otras obsesiones y compulsiones relacionadas a la contaminación incluyen:

- Comer en lugares públicos
- Multitudes
- Dinero
- Baños públicos
- Estrechar manos
- Teléfonos públicos
- Cirugías/Hospitales
- Químicos
- Barandillas de las escaleras
- Baños
- Cepillarse los dientes
- Lugares
- Aire exterior

El lavado o la limpieza se realiza varias veces, a menudo seguido de rituales de repetir el lavado del cuerpo hasta que la persona sienta que está limpio, en lugar de que alguien sin TOC limpie o lave sólo una vez hasta que crean que ya están limpios. Esto puede tener una influencia seria en la capacidad de la persona para mantener relaciones y trabajos, y también hay un impacto en la salud física por el hecho de frotar y limpiar constantemente la piel, sobre todo las manos. Alguien podría restregarse hasta que le sangren las manos. Mientras que otros han llegado a bañarse en cloro o lejía.

Una persona también puede intentar, en la medida de lo posible, mantenerse alejada de lugares, objetos o incluso personas si tiene miedo a contaminarse. También hay implicaciones de costo debido a la compra y uso persistente de productos de limpieza, y también de artículos, en particular artículos eléctricos como teléfonos móviles, que se dañan debido a los daños causados por demasiados líquidos.

Contaminación Mental

Además, hay tipos más familiares de contaminación por el TOC que implican que alguien se lave las manos repetidamente después de entrar en contacto con posibles entornos u objetos sucios; también existe una forma menos conocida que se denomina "contaminación mental". Los investigadores apenas han comenzado a obtener una comprensión básica de la contaminación mental. Los sentimientos de contaminación mental comparten algunas cualidades importantes con la contaminación por contacto, ambas con características particulares. Los sentimientos de contaminación mental pueden producirse la mayoría de las veces cuando una persona se siente maltratada mentalmente, físicamente, a través de comentarios verbales abusivos o críticos. A veces es como si tendieran a sentirse sucios y esto crea un sentimiento de impureza interna, inclusive en la ausencia de cualquier contacto físico con un objeto dañino o sucio. Una característica de la contaminación mental es que la fuente es casi como la de la contaminación humana normal, que es causada por el contacto físico, pero la suya propia es causada por el contacto con objetos inanimados. Esto puede resultar en intentos compulsivos y repetitivos de limpiar la suciedad lavándose y duchándose, lo cual crea la semejanza con la contaminación tradicional; la mayor diferencia es que la sensación de contaminación no tiene que provenir necesariamente del contacto físico. A veces, hay una sensación de soledad con la contaminación mental.

Pensamientos intrusivos constantes

Las cavilaciones son una terminología que se utiliza para describir todos los pensamientos obsesivos intrusivos, definir este proceso probablemente ayude a fomentar la creencia de que sólo se trata de "un pensamiento profundo o conocido sobre cualquier cosa", pero esto es engañoso desde el punto de vista del TOC. En el contexto del TOC, la cavilación se trata de prolongar el pensamiento sobre un tema o pregunta, de una manera que no es productiva o no está dirigida. A diferencia de los pensamientos obsesivos, las cavilaciones no son molestas, por lo que muchas cavilaciones se basan en temas filosóficos y metafísicos, religiosos como la vida después de la muerte, la naturaleza de la moralidad, los orígenes del universo y muchos más.

Un ejemplo de esto es cuando una persona reflexiona sobre una pregunta que consume mucho tiempo: "¿Todo el mundo se ve bien?" Pensarán en esto durante un largo período de tiempo, repasándolo en sus mentes con diferentes argumentos, consideraciones y contemplando pruebas convincentes. Otro ejemplo es alguien que piensa en lo que sucederá cuando mueran y sopesará diferentes posibilidades teóricamente, visualizando cómo se vería el cielo o el infierno, u otros mundos, y tratará de pensar en lo que otros filósofos y científicos han discutido sobre la muerte. Con las cavilaciones, es probable que nunca se llegue a una solución o conclusión satisfactoria, y la persona parece estar profundamente arraigada, pensativa y también desapegada.

Preparando el camino para tu paciente

Antes de recomendar la TCC a un paciente, se deben hacer preguntas sobre el nivel de formación del médico (es mejor tener un doctorado o una PsyD). Además, se deben preguntar los métodos teóricos (cognitivo-conductual vs. otros, como humanístico o psicodinámico) y la experiencia de trabajo con pacientes que tienen TOC. Una de las preguntas que se deben hacer al conocer a un médico es: "¿Permitirás que tus pacientes sean vulnerables a situaciones que provocan rituales mientras intentas evitar que él o ella se sumerja en ellos?

¿Qué pueden esperar tus pacientes?

La TCC es una forma de tratamiento psicológico basada específicamente en la adquisición de conocimientos y reglas cognitivas. Normalmente, habrá 12-16 sesiones; aunque cada sesión individual es muy importante para determinar cuánto tiempo durará el tratamiento. El tratamiento se puede suspender cuando notes que hay un gran cambio en los síntomas durante al menos cuatro semanas seguidas. Más adelante, las sesiones de refuerzo oportunas son útiles para mantener los beneficios y prevenir las recaídas.

Capítulo 11: TCC para pensamientos intrusivos y TOC

En el contexto del TOC, la persona sufre mucho de pensamientos obsesivos que son repetitivos, perturbadores, horribles y ofensivos. Por ejemplo, los pensamientos que constantemente te vienen sobre lastimar a alguien que amas de una manera violenta, y esto no involucra una compulsión específica, se les denomina pensamientos intrusivos, y a menudo se les llama "O Pura".

Todos los que están vivos han tenido pensamientos intrusivos y, por supuesto, se ha demostrado que todos los que tienen TOC tendrán "pensamientos intrusivos" que pueden ser positivos o negativos. Pensar en ganar la lotería también es un pensamiento intrusivo, pero es sólo uno de los mejores. Desde el punto de vista del TOC, siempre se asume que los pensamientos no son repetitivos (constantes) y agradables, y también se acepta que cuando se habla del TOC, los "pensamientos intrusivos" son del tipo que se enumeran a continuación:

Pensamientos intrusivos en las relaciones

Los pensamientos intrusivos en las relaciones despiertan dudas sobre el nivel de una relación; la seguridad personal de la pareja es uno de los principales focos de los pensamientos que son obsesivos.

Los pensamientos obsesivos incluyen:

- Necesidad constante de buscar la reafirmación y la aprobación de la pareja.

- Dudas sobre la fidelidad de la pareja.

- Cuestionar la sexualidad propia y tener sentimientos, impulsos y pensamientos acerca de sentirse atraído por miembros del mismo sexo.

- Examinar constantemente la profundidad de los sentimientos de la pareja, poner bajo vigilancia a la pareja y a la relación y siempre encontrar fallas.

- El cuestionamiento constante, el análisis constante de la relación o de la pareja a menudo pone una tensión profunda en la relación y el resultado cuando la persona tiene TOC es que la persona puede romper la relación para detener la ansiedad y las dudas, lo que a menudo se repite con otros tipos de relación.

- La sospecha de infidelidad de otra persona.

Pensamientos sexuales sensibles

Los pensamientos sexuales sensibles son pensamientos que se obsesionan con causar daño que no se hace a propósito. Estos podrían ser pensamientos de dañar inapropiadamente a los niños sexualmente. No es intencional, o podría ser un pensamiento constante sobre alguien de una manera sexual.

El enfoque principal de los pensamientos sexuales obsesivos incluye: el cuestionamiento constante de cómo puede ser alguien y este es el enfoque principal de los pensamientos obsesivos. Estos pensamientos incluyen:

- Los pensamientos de tocar a un niño inapropiadamente.

- El análisis constante y el cuestionamiento de la capacidad sexual, o los pensamientos sobre la atracción hacia los niños, son las dos partes mentales más perturbadoras del TOC, y debido a la naturaleza de los pensamientos, muchas personas que sufren esto no están dispuestas a buscar la ayuda de ningún profesional de la salud y temen ser etiquetadas.

- Miedo a ser atraídos por personas del mismo sexo (homosexuales) o aquellos que son homosexuales, temen ser atraídos por personas del sexo opuesto.

- Pensamientos sexuales intrusivos sobre Dios, figuras religiosas o incluso sobre los santos.

- Miedo de ser un pedófilo y luego sentirse atraído sexualmente por ellos.

Alguien que experimenta este tipo de pensamientos intrusivos evitará lugares públicos como los centros comerciales para no acercarse a los niños. También tendrán que mantenerse alejados de sus hermanos. Para los padres que experimentan este tipo de enfermedad, tratarán en la medida de lo posible de evitar abrazar o bañar a sus hijos, lo que resultará en incomodidad emocional tanto para los niños como para los padres.

Pensamiento mágico sobre los pensamientos intrusivos

El pensamiento mágico acerca de los pensamientos intrusivos es tener miedo de pensar que algo negativo hará que sea más probable que ocurra, lo que a menudo se conoce como "fusión de acción y pensamiento". Las personas rodeadas de malos pensamientos intrusivos son las que sufren, y tratan de quitárselos a través de rituales mágicos. Son, normalmente, extraños en estilo y consumen mucho tiempo, y también pueden estar involucrados en eventos o acciones que pueden no estar relacionados entre sí. Por ejemplo, tener pensamientos como "Podría estrangular a alguien" también es visto como alguien que es culpable de haber cometido el crimen. Otro ejemplo es que tienen pensamientos terribles acerca de su coche teniendo un accidente espantoso, y que tener estos pensamientos también podría aumentar la probabilidad de que esto ocurra, o tienen la sensación de que si no cuentan del 1-10 algo malo podría pasarle a un miembro de la familia.

Otros ejemplos que se dan a continuación son;

- La muerte de un ser querido puede predecirse.

- Uno puede causar mucho daño a alguien con sus pensamientos o con su descuido.

- Asistir a un funeral puede traer la muerte.

- Todo lo que te venga a la mente puede ser verdad.

- Romper una carta en cadena puede traer mala suerte.

- Pisar las grietas en el pavimento puede provocar que ocurran cosas malas.

- Escuchar la palabra "muerte" significará lo contrario, al igual que repetir la palabra "vida" para resistir a la muerte.

- Algunos días también son de buena o mala suerte.

- Cierto número o color tiene alguna buena o mala suerte que se asocia con él.

En los ejemplos anteriores, los pensamientos y los acontecimientos podrían estar relacionados, pero una persona que tiene TOC creerá que la posibilidad de que esto ocurra no existe y esto lo llevará a un profundo estrés y ansiedad. Como resultado de esto, sus comportamientos compulsivos internos a menudo pueden impedir que interactúen con otras personas en ese momento.

Pensamientos religiosos intrusivos

Los pensamientos religiosos intrusivos en el TOC a menudo se centran en áreas de gran importancia; la religión y los asuntos que conciernen a la práctica religiosa son los candidatos básicos para las obsesiones del TOC. A menudo se conoce como escrupulosidad. Algunos ejemplos de pensamientos religiosos intrusivos se enumeran a continuación:

- Esa persona ha perdido el contacto con Dios o sus creencias de alguna manera.

- Las oraciones se recitan y se omiten erróneamente.

- Uno está haciendo algo pecaminoso.

- Algunas oraciones se dicen repetidamente.

- Que la persona se ha burlado de las leyes religiosas que conciernen a la vestimenta, el habla y la moderación.

- Pensamientos sexuales intrusivos sobre figuras religiosas, santos y Dios.

- Pensamientos blasfemos repetitivos.

- Los pecados cometidos nunca serán perdonados por Dios, y uno terminará en el infierno.

- Uno puede tener malos pensamientos en un edificio religioso.

- Uno gritará palabras blasfemas en voz alta en un lugar religioso.

Los pensamientos intrusivos negativos ocurren en el momento en que las oraciones se estropean, corrompen o cancelan el valor de las actividades, el cuestionamiento constante y el análisis de la fe de uno pondrá una gran tensión en sus creencias, y esto evitará que alguien obtenga paz de su religión. Esto hará que algunas personas eviten la iglesia y todos los pensamientos religiosos por miedo a sus pensamientos.

Pensamientos violentos e intrusivos

Los pensamientos violentos intrusivos tienen miedos obsesivos de cometer muchos actos de violencia contra personas que realmente aman o contra cualquier otra persona. Estos pensamientos incluyen:

- Saltar delante de un coche en movimiento

- Pensamientos sobre tocar a alguien y hacerle daño accidentalmente con la intención de tocarlo.

- Hacerle daño a niños o seres queridos.

- Actuar por un impulso no deseado; por ejemplo, apuñalar a alguien o atropellar a alguien.

- Envenenar la comida de un ser querido (la compulsión implicará no cocinar para la familia).

- Matar a gente inocente

- Utilizar objetos afilados como cuchillos de cocina.

Aquellos que sufren de este tipo de miedo la mayor parte del tiempo se sienten como una mala persona por tener malos pensamientos, creen que tener estos pensamientos significa que realmente tienen la capacidad de llevarlos a cabo.

El cuestionamiento y análisis constante de esta parte perturbadora del TOC se vuelve más perturbador y, debido a la naturaleza de sus pensamientos, las personas que se someten a él se muestran reacias a abrirse incluso a su médico o terapeuta porque temen verse expuestas. Una persona que tiene este tipo de pensamientos intrusivos evitará lugares como los centros comerciales y otras áreas vitales donde se requiere interacción social para evitar tener contacto cercano con personas que iniciarán pensamientos obsesivos.

Obsesión corporal (TOC sensomotor)

La hiperconciencia de la sensación de un cuerpo específico también se conoce como obsesión sensomotora. Los síntomas incluyen:

- Flotadores oculares/distractores visuales, fijación obsesiva en los flotadores oculares.

- Deglución/salivación, centrándose en qué tan bien se debe tragar la cantidad de saliva producida o la sensación de deglutir en sí misma.

- Conciencia de una parte específica del cuerpo, por ejemplo, la percepción del costado de la nariz cuando se intenta leer.

- Respiración, obsesión por si la respiración es superficial o profunda, o si el foco está en alguna otra sensación de la respiración.

- Parpadeo, fijación obsesiva en el parpadeo.

Esta forma de TOC no debe confundirse con el trastorno dismórfico corporal (TDC), en el que la obsesión se centra mucho más en los defectos que se observan en la parte del cuerpo. Los pensamientos intrusivos son repetitivos, y no se desarrollan voluntariamente. Hacen que la persona sufra de incomodidad excesiva que es la razón por la que están teniendo esos pensamientos en primer lugar, y los sentimientos de tener esos pensamientos en primer lugar pueden ser aterradores.

Sin embargo, lo que sabemos es que la gente está más interesada en el trastorno obsesivo-compulsivo y puede que actúen en base a estos pensamientos, en parte porque son ofensivos, y pueden ir muy lejos para impedir que ocurran.

Para aquellos que sufren y para aquellos que no lo sufren, los pensamientos y los miedos asociados con el TOC tienden a ser impactantes y significativos a veces. Sin embargo, el hecho de que sean pensamientos no significa que se desarrollen voluntariamente. Ni las fantasías ni los impulsos deben ser llevados a cabo. La información diversa podría ser una compulsión física o mental, y no resulta útil.

Simetría y Orden

Hay una necesidad de poner todo en un orden simétrico y que esté perfecto, esa es la compulsión. Los temores obsesivos pueden hacerte sentir que todo está perfecto para detener la incomodidad o a menudo evitar que ocurra algún daño. Los ejemplos incluyen:

- Tener todo impecable sin manchas en las ventanas y en las superficies para reducir el riesgo de contaminación, limpiando todo muy bien para lograr pulcritud.

- Ropa.

- Organizar las cosas cuidadosamente y en todo momento.

- Tener los libros y los CD alineados perfectamente en una fila en una estantería.

- Latas de conserva.

- Tener fotos bien arregladas.

- Tener la ropa colgada en barras y toda orientada de la misma manera.

- Pulcritud.

Las personas que se ven afectadas pasan más tiempo tratando de conocer la simetría "perfecta" y esto hace que consuma más tiempo y el resultado es llegar tarde a las citas y el trabajo. Esto puede drenar tanto física como mentalmente. Si la compulsión se va a tomar más tiempo, la persona que sufre podría no querer evitar los contactos en el hogar para detener la simetría, ser interrumpido puede dar lugar a tener un menor impacto en las interacciones sociales y las relaciones.

La lista muestra el tipo más común conocido de TOC y los miedos que lo acompañan, pero esta no es una lista completa, y habrá otros tipos de TOC. Si los impactos están funcionando correctamente, puede representar la parte principal en el diagnóstico de un trastorno obsesivo-compulsivo; entonces es vital para usted consultar a un médico y obtener un diagnóstico adecuado.

Independientemente del tipo de TOC que uno pueda estar sufriendo, hay 3 aspectos que generalmente están ahí, y son: Desencadenantes, Consuelo y Evasión.

1. Los Desencadenantes

Esta es la fuente básica de la preocupación obsesiva que puede ser un lugar, una persona, u objetos que permite la obsesión, un sentimiento compulsivo, o los sentimientos de angustia. Un desencadenante pueden ser pensamientos internos u objetos físicos; por ejemplo, alguien que tiene el sentimiento obsesivo de apuñalar a alguien cada vez que él o ella entra en contacto con objetos de filosos, viendo el cuchillo siempre provocará las compulsiones y obsesiones.

Además, para evitar varias horas de dolor, la persona siempre se mantendrá lejos de los cuchillos, un ejemplo de un desencadenante mental interno es cuando uno experimenta obsesiones de angustia sobre la muerte cada vez que vienen los pensamientos acerca de su difunto padre, la memoria de su difunto padre actúa como un desencadenante para los pensamientos obsesivos. Lo que sucede es que las personas con TOC descubrieron sus compulsiones y obsesiones que son física y mentalmente agotadoras, atemorizantes y aterradoras. Tienen que hacer todo lo posible para evitar los desencadenantes durante el tiempo de las compulsiones y obsesiones.

1. La Evasión

Esto es una compulsión ocasional, y sucede cuando el individuo con TOC se mantiene alejado de objetos, lugares, o una persona que pueda desencadenar el TOC. Esto será una manera de prevenir la angustia, la preocupación, y el tiempo usado en experimentar los rituales. Los ejemplos incluyen a aquellos que podrían no ser capaces de mantenerse alejados de las situaciones o tareas que aumentarán las situaciones que no sean seguras.

- Alguien con pensamientos obsesivos puede tener la sensación de apuñalar a sus hijos y siempre evitará el uso de tijeras, cuchillos o cualquier objeto filoso.

- Alguien que tiene miedo de tener VIH o SIDA evitará ir a lugares como Londres ya que su mente lo asocia con el VIH o el SIDA.

1. Seguridad

Con frecuencia, la persona que tiene problemas con el TOC necesitará que el consuelo de que los sentimientos a su alrededor no son reales. Este consuelo puede provenir de alguien a quien ama o a través de fuentes como Google o medios de comunicación. Especialmente si la preocupación está llegando al punto de crímenes o accidentes. Con frecuencia, la preocupación obsesiva podría ser para alguien que amas, y puedes pensar que algo malo podría sucederle a ellos, así que vas a estar pendiente de tus seres queridos para ver si están bien. Otro miedo obsesivo resulta en la búsqueda de consuelo para las preocupaciones compulsivas de que su pareja podría no tener el mismo sentimiento por él o ella o que van a hacer algo terrible a sus seres queridos.

Varios términos y siglas se pueden utilizar con la familia del TOC que puede conducir a confusiones.

Abreviaturas usadas comúnmente para el TOC

Ritual

Uno de los términos que causa confusión es la palabra "ritual" en la que otras personas, incluyendo los profesionales de la salud se confunden y luego lo describen como "compulsión". Mientras es cierto que un ritual es un comportamiento compulsivo (mental o físico), es sólo un comportamiento compulsivo específico que es más que un patrón conjunto donde se debe definir el punto de inicial y final. Ejemplo, masajea el lado izquierdo de tu cara, tu frente y el lado derecho, en muchos casos, cuando la persona que se somete a rituales se detiene durante el tiempo de los pasos del ritual, entonces su TOC decide cuándo comenzar su ritual de nuevo.

Pico

Pico también es una terminología que confunde principalmente a aquellos con TOC que tratan de obtener más información acerca de eso en línea; tiende a haber dos usos principales de este término. Con las personas que tienen TOC en el foro de TOC en línea; tiende a haber dos usos principales de este término. La primera es cuando se utiliza para explicar el 'desencadenante' de la obsesión inicial que conduce a la ansiedad y el malestar, por ejemplo, un individuo que tiene miedo de golpear a un ciclista mientras que maneja utilizará el término 'pico' para explicar que el ciclista se está moviendo por delante de ellos, y que desencadena la compulsión y la obsesión. Otro uso de este término en el formato TOC se utiliza cuando se explica el aumento en los niveles de ansiedad, y cuando es causado por pensamientos obsesivos. Usando el ejemplo dado de la persona que tiene miedo de golpear a un ciclista mientras maneja, se entiende que el ciclista es la razón de los pensamientos obsesivos que elevan el 'pico' actividades.

En la actualidad, no hay una manera particular de describir lo que es el pico, pero lo que pico significa generalmente es que se utiliza para describir la unión de obsesiones del TOC, desencadenantes, o molestias causadas por la ansiedad que son las razones para eliminar las confusiones. Tratamos tanto como sea posible de dejar de usar la palabra "pico" en los textos siempre y cuando no se pierda el significado o contexto. Así que mucha gente utiliza terminologías para referirse a diferentes tipos de TOC, es de destacar que no hay una definición oficial en la ciencia médica, y por lo general es utilizado por la comunidad del TOC. Uno de los principales problemas con estas terminologías es que son mayormente confusas ya que significan algo diferente de persona a persona. Más información sobre los 3 propósitos principales de los acrónimos:

POCD (TOC Pedófilo)

Esto describe el TOC posparto y el TOC paterno y el "TOC puro". Sin embargo, esto es ampliamente aceptado en el caso del TOC pedófilo; en pocos casos, somos conscientes de usuarios que utilizan el término TOC conscientemente como un medio para evitar decir pedófilo. Acostumbrarse a esta línea de pensamiento es el primer paso para aceptar que existe.

ROCD (TOC en las Relaciones)

Se utiliza comúnmente para describir el TOC religioso, que se utiliza ampliamente para aceptar el TOC en las relaciones porque no tiene ningún significado médico y evita que las personas se confundan. Por lo tanto, trata de mantenerte alejado de los acrónimos cada vez que escribas y asegúrate de que no haya pérdida de significado o de contexto. Por lo general, desaconsejamos a la mayoría de las personas de usarlo y en ocasiones, el uso resulta en un retraso en la evaluación de los tratamientos. Esto sucede principalmente cuando un paciente busca un especialista en TOC (H/P/R), pero no puede encontrar ninguno porque no es reconocido en la ciencia médica. Todavía no hay recomendaciones dadas a ningún terapeuta para que se especialice en ninguno de los tipos de TOC, ya que todos los TOC tratan la compulsividad y las obsesiones de la misma manera.

Esto podría no impedir el progreso en el abordaje y la eliminación del TOC porque es cierto que el TOC cambia periódicamente y cambia como un camaleón (ten en cuenta que sólo se centra en objetos o individuos que son especiales para nosotros). Por lo tanto, es muy importante tratar el TOC y no (H/P/R). Un punto importante a notar es que serán tratados usando la terapia cognitivo-conductual.

HOCD (TOC Homosexual)

Esta no es una terminologías útil porque está dirigida a las personas que tienen miedo de ser homosexuales, y sabemos que es el mismo TOC que afecta a los homosexuales con miedos obsesivos de que en realidad no sean homosexuales. Un acrónimo preferible a ser usado es TOCS (TOC de la orientación sexual).

Si estás experimentando ataques con frecuencia y te han diagnosticado otro tipo de trastorno de ansiedad, es posible desarrollar métodos terribles involuntarios y no adaptativos para hacer frente a la situación.

Tratamiento de los pensamientos intrusivos del TOC mediante TCC

Aquellos que tienen pensamientos intrusivos derivados del TOC complejo y TEPT, se benefician del ejercicio mental, pero esto generalmente necesita tratamiento y autoayuda también. La TCC ha demostrado ser eficaz (70%) en pacientes con TOC. A través de la TCC, los pacientes tienen una forma de lidiar con sus miedos y eliminar las compulsiones; es un tratamiento esencial para desintoxicar la mente por completo. Los métodos de TCC modificados para tratar los pensamientos intrusivos y el TOC incluyen:

- Exposición situacional
- Responder a un cuestionario de autoevaluación como las pruebas de pensamientos intrusivos del TOC
- Recopilación de pruebas para cuestionar las creencias profundas que tienen los pacientes
- Estimulación con juegos de rol con señales electrónicas
- Exposición al pensamiento intencional
- Reorientar el cerebro a través de la educación mental
- Decidir sobre el proceso de pensamiento que experimenta cada persona
- Aceptación sin juicios de valor

Capítulo 12: TCC para la salud mental y el ejercicio

Herramientas cognitivas y ejercicio

Varias herramientas de la TCC se centran en el cambiante y desafiante método disfuncional de pensamiento del paciente, ya que a los terapeutas de la TCC también se les enseña a hacer uso de un método que trabaja de arriba hacia abajo; en primer lugar, para trabajar con los pensamientos del paciente, las actividades y ejercicios cognitivos son de gran importancia. Para cambiar la espiral descendente o revertir el trastorno de salud mental, los pacientes conocerán la reestructuración cognitiva y comenzarán a utilizar herramientas como los registros de pensamientos disfuncionales y las estrategias ABCD.

Herramientas de Comportamiento y Ejercicio

Además de las herramientas cognitivas y el ejercicio, el terapeuta de TCC enseña a sus pacientes varios métodos conductuales que pueden ayudar a cambiar los pensamientos problemáticos y las creencias limitantes en alternativas para la afirmación de la vida. Al tomar acciones fuertes que van en contra de lo que ellos mismos pueden decir, los individuos son más capaces de compilar la evidencia que va en contra de dañar los patrones cognitivos. Muy buenos ejemplos de herramientas conductuales son los experimentos conductuales, los ensayos conductuales y la activación conductual.

Herramientas de terapias de tercera generación

Hay formas adicionales de varios métodos terapéuticos innovadores de tercera generación que se obtienen de la TCC, y esto proporciona nuevas adiciones a la caja de herramientas de la TCC. Aunque no todos los terapeutas utilizan actividades o ejercicios que se consideran de tercera generación, cabe destacar que pueden ayudar a lograr los sueños herramientas específicas que se encuentran en las terapias de tercera generación como la Terapia de Aceptación y Compromiso (ACT) y la Terapia Cognitiva Basada en la Atención Integral (MBCT) son muy útiles para nuestros esfuerzos.

Afecciones de salud mental que pueden mejorar con la TCC

Manejar el duelo

El paciente y el terapeuta adicionalmente consideran cómo los pensamientos y comportamientos afectan las emociones. Por ejemplo, si alguien piensa que nada puede funcionar en su vida, puede alejarse de los demás y prevenir nuevas oportunidades. Esto, posteriormente, puede llevar a sentimientos de mayor desesperación, vacío y estrés. Esto a veces se conoce como un "círculo vicioso" de emociones, pensamientos y comportamientos.

Trata de ser paciente: A pesar de que la TCC es rápida para muchas personas, es un proceso continuo que dura esencialmente toda la vida. Siempre hay enfoques para estimular, sentirse más feliz y también tratar mejor a los demás y a uno mismo, por lo que el ejercicio debe ser individual. Recuerda que no hay línea de meta. Date crédito a ti mismo por esforzarte en confrontar tus problemas inmediatamente, e intenta ver los "errores" como partes del proceso y del aprendizaje.

TEPT

La TCC se aplica más comúnmente a los trastornos del estado de ánimo (por ejemplo, depresión) y a los trastornos de ansiedad. También se utiliza para ayudar a las personas que tienen complicaciones por el uso de sustancias químicas, trastornos de la personalidad, trastornos alimentarios, problemas sexuales y psicosis. Se realiza correctamente en el ámbito personal, de parejas y de grupos.

Un psicoterapeuta puede ser un período general, en lugar de un título de trabajo o un indicio de educación, formación o licenciatura. Ejemplos de psicoterapeutas son psiquiatras, psicólogos, consejeros profesionales certificados, trabajadores sociales con licencia, terapeutas matrimoniales y familiares certificados, enfermeras psiquiátricas, o incluso otros profesionales certificados con entrenamiento en salud mental.

Tu terapeuta puede persuadirte para que hables de tus pensamientos y emociones y de lo que te preocupa. No te preocupes si simplemente descubres que es difícil abrirte acerca de tus sentimientos. Tu terapeuta te ayudará a ganar más confianza y comodidad.

La espiral descendente del trastorno mental

Una madre y su hija llorando con la cabeza inclinada, parece que ha ocurrido un trágico suceso en sus vidas que ha llevado a una espiral descendente hacia un trastorno de salud mental negativo. El terapeuta de la TCC puede dar a sus pacientes buenos métodos de tratamiento de forma individual. Esto, sin embargo, no significa que la enfermedad mental se produce de forma separada; hay muchos trastornos que se ven influenciados por genes o experiencias de vida que se desarrollan de forma muy cercana en un enfoque sistemático.

Para aquellos que sufren de depresión o ansiedad; un ejemplo, los eventos negativos o una serie de eventos exitosos típicamente conducen al comienzo de los síntomas cognitivos conductuales y emocionales, especialmente cuando un individuo no puede detener o revertir su ansiedad o respuesta depresiva, comenzará a descender en espiral hacia un trastorno mental completo.

La TCC examinada anteriormente ayuda a mostrar los trastornos de salud mental que se desarrollan en espiral descendente porque nos muestra cómo los pensamientos problemáticos, las conductas y la respuesta emocional, respectivamente, pueden influir en otro al necesitar asistencia médica. Las conductas cognitivas dañadas de un individuo que pierde a un ser querido prematuramente, por ejemplo, esto puede ser de influencia negativa ya que sus comportamientos y emociones son conductas que conducen a un trastorno depresivo grave.

Ciertamente, el duelo por la pérdida de un ser querido puede ser saludable hasta cierto punto, pero si el individuo afectado es incapaz de romper el ciclo de pensamientos, conductas y emociones que afectan negativamente a los demás, se encontrará en una espiral descendente hacia un estado de miedo. Para ayudarlos en un estado depresivo, un terapeuta de TCC presentará varias actividades cognitivas conductuales que apuntan en la dirección opuesta a la espiral descendente.

El terapeuta de TCC primero trabaja con el nivel de comportamiento y cognición de los padres, a menudo tendrán que ayudarles a descubrir el valor central del cambio, a desafiar las suposiciones subyacentes de cómo el mundo los moverá en la dirección de una buena salud mental.

Capítulo 13: TCC para el autocontrol y evaluación del progreso

Dos de los métodos más esenciales de la TCC son las prácticas de autocontrol y evaluación del progreso, mediante el aumento de la autoconciencia y evaluación del estado de nuestro ser, los individuos también son capaces de descubrir las cogniciones defectuosas, limitando los valores fundamentales, los patrones de pensamiento disfuncional y los obstáculos de comportamiento. Con esta poderosa visión, el terapeuta de TCC guiará a los padres en la toma de medidas que se aplicarán tanto si se trata de una conducta como de un obstáculo mental.

Las prácticas de autocontrol y evaluación son el corazón de la TCC, del mismo modo que cada individuo puede prevalecer sobre la enfermedad mental tomando conciencia de los comportamientos desafiantes y mejorando la probabilidad de éxito al mejorar y controlar las acciones y los pensamientos. Las mejores prácticas que pueden aumentar ampliamente la conciencia de los pensamientos inhibidores, las conductas dañinas y las creencias limitantes que actúan como obstáculos en el camino del éxito se presentan como la tercera estrategia de la meditación consciente.

Mientras se realizan prácticas de objetivos SMART, autocontrol, planes de acción y autoevaluación, normalmente es suficiente para que las personas logren el éxito y disminuyan la cantidad de tiempo que les toma alcanzar los objetivos mediante el uso de varias herramientas de TCC. Basando las decisiones en principios psicológicos generales como la conexión mente-cuerpo y la ley de causa y efecto, así como los profesionales de la TCC ayudan a sus pacientes a hacerlo, podemos transformar con confianza nuestras vidas de la manera más necesaria. Después de que comencemos a girar la espiral positiva del crecimiento personal con los métodos de la TCC, lo siguiente será usado para construir nuestro impulso inicial.

La caja de herramientas de la TCC

Hay una amplia variedad de herramientas de TCC que el terapeuta utiliza para mejorar la salud mental de sus pacientes, a diferencia de algunos métodos de tratamiento, la terapia de cognitivo conductual ayuda a disminuir la manera en que los padres dependen de los medicamentos, en lugar de enfocarse en el establecimiento de un cambio conductual y cognoscitivo a través de diversos modos de ejercicio y actividades. Después de establecer una formulación de caso obtenida a partir de las comunicaciones terapéuticas iniciales con sus pacientes, un terapeuta de TCC comenzará a recomendar varias prácticas cognitivas y conductuales que se encuentran dentro de la caja de herramientas de la TCC. El ejercicio de la caja de herramientas es vital debido a la necesidad de dar a los pacientes los recursos para actuar como sus propios terapeutas más adelante en el futuro.

Aunque hay varias actividades y ejercicios que pueden ser usados para un caso médico específico, o favorecidos por un terapeuta en particular, hay un rango aceptado para los métodos de TCC basado en su efectividad y popularidad. Es con herramientas y técnicas estandarizadas que se puede mejorar el éxito en el logro de nuestro objetivo o metas. Será útil para comprender mejor cómo los terapeutas de TCC enmarcan sus métodos de tratamiento.

Uso de la TCC para lograr el éxito

Dado que la base de la TCC se encuentra en varias verdades psicológicas que se aplican a todos, todos ellos pueden utilizar los métodos de la TCC para mejorar su nivel de bienestar. Además, un terapeuta de TCC ayuda a sus pacientes a modificar su salud mental en espiral descendente; es posible utilizar las herramientas de TCC como trampolín para el éxito. Una manera ideal de meditar sobre el uso de la TCC para el crecimiento personal es imaginar una escala que oscile entre -5 y 0, representando a cada individuo que tiene una enfermedad mental, mientras que el rango de 0 a 5 representa a individuos con una mente sana que persiguen altos niveles de satisfacción en la vida. Es obvio que al aplicar métodos de TCC para mejorar tu autoestima, aprenderás rápidamente sobre cómo las emociones y pensamientos positivos pueden llevarte hacia un gran éxito.

Definir el éxito

Aunque hay un número interminable de objetivos de crecimiento personal que se pueden alcanzar con métodos de TCC, el primer paso es saber cuál de ellos le garantizará el éxito. Desafortunadamente, muchas personas son víctimas de asumir que los bienes materiales, el dinero, las posesiones y el estatus social les darán la satisfacción que necesitan sólo para descubrir que de ellos se obtiene una felicidad limitada.

Metas SMART y Plan de Acción

El terapeuta y los pacientes trabajan juntos para establecer una meta SMART que sea (Específica, Medible, Alcanzable, Relevante y Limitada en el Tiempo) y hacer un plan alcanzable que ayude a cumplir sus deseos. Típicamente, tanto el paciente como el terapeuta se reunirán de forma programada para revisar, actualizar las formulaciones, objetivos y plan de acción del paciente.

Sabemos de qué se trata el éxito, podemos establecer los objetivos SMART. Generalmente, podemos considerar tener metas en varios de los siguientes pasos: Personal e Intelectual, Salud Física, Espiritual, Financiera y de Desarrollo Profesional y Comunicación. Además, las cualidades personales como la inteligencia social y emocional pueden ser difíciles de medir; estos son algunos de los objetivos más vitales y gratificantes que se pueden establecer porque son necesarios para lograr cosas extraordinarias. Sólo con comprometerte a concentrarte también en los objetivos intrínsecos y los deseos, además de este éxito externo, serás capaz de descubrir la satisfacción de vida que anhelas. Antes de pasar al plan de acción, debes considerar tus objetivos utilizando las metas SMART. No hay razón para que te desanimes si tienes el objetivo de lograr algo monumental, tendrás que convertir las aspiraciones más grandes en aspiraciones más pequeñas, con plazos concretos y medibles. Tendrás que reducir las metas más grandes a metas más pequeñas, con plazos concretos y medibles.

El siguiente paso en el uso del proceso de TCC para el éxito, que debe ser considerado el paso final en la fase inicial, sería establecer un plan de gestión que podría permitirte monitorear tu progreso. Mientras que los métodos que se utilizarán para desglosar los objetivos específicos será una decisión particular basada principalmente en situaciones y planes, lo más necesario es revisar y actualizar tu plan de acción medible y de plazos determinados.

Capítulo 14: Cómo trata la TCC con las cosas

Hay muchos métodos para lograr la TCC o herramientas que se pueden utilizar en la TCC. Esta terapia se extiende desde los antecedentes de la terapia hasta las experiencias de la vida diaria. Los nueve métodos se enumeran a continuación, y algunos son conocidos por ser una práctica eficaz y común de la TCC.

- Descifrando las Distorsiones Cognitivas

Este es uno de los principales objetivos de la Terapia Cognitiva Conductual, y esto se puede hacer sin o con la ayuda de un terapeuta. Para revelar el impacto de las aberraciones cognitivas, en primer lugar, se debe ser consciente de las aberraciones a las que es más probable que estés expuesto, y parte de lo cual involucra tener la habilidad de identificar y desafiar tus pensamientos automáticos dañinos, los cuales, de vez en cuando, pueden caer en alguna de las categorías listadas de antemano.

Este es uno de los principales objetivos de la Terapia Cognitiva Conductual y se puede realizar con o sin la ayuda de un terapeuta. Para desenredar las distorsiones cognitivas, primero debes ser consciente de las distorsiones a las que probablemente estés expuesto. También implica que identifiques y desafíes esos pensamientos negativos que aparecen en nuestras mentes de vez en cuando.

- Exposición y prevención de respuesta

Este método es específicamente efectivo para las personas que sufren dificultades del trastorno obsesivo-compulsivo (TOC), la persona debe ser capaz de practicar este tipo de método siendo vulnerable a todo lo que evoca un comportamiento compulsivo, pero también hacer todo lo posible para no escribir sobre ello y el comportamiento. Es posible agregar el escribir un diario con estos métodos para saber cómo este método te puede hacer sentir.

- Escribir un diario

Este método es un medio de "recopilar datos" sobre nuestros pensamientos y estados de ánimo, este diario debe contener el período del estado de ánimo o pensamiento, la fuente, el alcance o el grado de intensidad, entre tantas otras cosas. Estas herramientas y métodos necesarios de TCC pueden ayudarnos a comprender nuestras tendencias y pensamientos emocionales, descubrir cómo se reemplazan, cómo se adaptan, o la manera cómo somos capaces de hacer frente a ellas.

- Reestructuración Cognitiva

Inmediatamente, has podido saber exactamente cuáles son las aberraciones o las opiniones que no son ciertas, y entonces empiezas a entender cómo comenzaron las aberraciones y qué es lo que te hizo creer en ellas exactamente. Cuando sabes que es un comportamiento dañino o perjudicial, puedes empezar a confrontarlo. Por ejemplo, cuando tienes la convicción de que tienes un trabajo que te paga bien y te hace ganar respeto dentro de la sociedad, pero luego, si pierdes ese trabajo remunerado, empezarás a sentirte terrible contigo mismo. En lugar de aceptar esta creencia que te hace pensar mal de ti mismo, puedes pensar en la creencia que te permite sentirte como una persona respetable y bien conocida, una creencia que tal vez no se te haya ocurrido antes.

- Exposición y Reescritura de Pesadillas

Exposición y Reescritura de Pesadillas están diseñados específicamente para aquellos que están pasando por momentos difíciles de una pesadilla; también se sabe que este método es casi igual a la exposición interceptiva, en el sentido de que la pesadilla ha sido evocada y que luego trae consigo emociones. El terapeuta y el paciente deben trabajar juntos para saber qué tipo de emociones se desean y cómo desarrollar nuevas imágenes para acompañar las emociones que se desean.

- Relajación Muscular Progresiva

Este es un método conocido por aquellos que practican el estar presentes, así como el escaneo corporal; este método te enseñará cómo relajar un grupo muscular en un período en el que tu cuerpo se encuentra bajo el estado de los métodos de TCC y herramientas de relajación necesarios. Es posible usar un video de YouTube, audioguía, o simplemente usar la mente para saber cómo practicar estos métodos y esto puede ser de gran ayuda para calmar los nervios y calmar una mente ocupada y desenfocada.

- Exposición Introspectiva

Este método está diseñado para tratar la ansiedad y el pánico; incluye la exposición a la excitación corporal que se teme para evocar respuestas, activando creencias no saludables que están conectadas con las excitaciones, preservar las sensaciones sin evitarlas y sin distracciones, esto permite aprender cosas nuevas acerca de las sensaciones. Está diseñado para ayudar a la persona que sufre a entender que los síntomas de este pánico no son dañinos, sin embargo, puede ser muy incómodo.

- Actuar el guión hasta el final

Este método es básicamente para aquellos que están sufriendo ansiedad y miedos, usando este método, el individuo que está expuesto a ansiedad o miedos incapacitantes controla los pensamientos experimentales donde es capaz de pensar sobre el resultado del peor de los casos. Permitir que este escenario ayude al paciente a saber que incluso cuando parezca que habrá temores, resultará muy bien. Este método ayudará a aquellos con ansiedad y miedo a creer que sus peores miedos eventualmente resultarán ser una buena experiencia.

- Respiración Relajada

Este es otro método que no es conocido por la TCC pero que es muy popular entre los practicantes conscientes; hay muchas maneras obvias de relajarse y también de traer orden y calma a tu respiración, lo que te da una ventaja para ver tus problemas desde una posición equilibrada, trayendo consigo una toma de decisiones más eficiente y lógica. Estos métodos pueden ayudar a aquellos que están pasando por una serie de aflicciones y enfermedades mentales que pueden incluir el TOC, la depresión, el trastorno de pánico, la ansiedad y cómo pueden ser practicados sin la ayuda de un terapeuta o con la ayuda de un terapeuta.

Aprovechando al máximo

La TCC se puede aplicar diariamente a principios y métodos que rodean una amplia gama de problemas. Las habilidades de relajación son esenciales en cualquier circunstancia estresante que incluya: hablar en público, tener una discusión con la pareja, sentirse enojado con un adolescente testarudo, tomar un examen, problemas de sueño y rabia al volante.

Los métodos de resolución de problemas pueden ser útiles para tratar temas relacionados con el trabajo, un jefe exigente y la gestión del tiempo o dificultades interpersonales como problemas en las relaciones. Algunas personas tienen actitudes que son irracionales, y esto crea malos sentimientos innecesarios en ciertas situaciones.

Por lo tanto, cualquier persona también puede ganar al cuestionar e identificar creencias infundadas y esto resulta en experiencias más placenteras, lo cual puede ser más efectivo en sus vidas. El ejercicio de exposición no sólo es útil en las fobias, sino también como una forma de eliminar todo tipo de miedos incluyendo el miedo a cometer errores, el miedo a los animales y el miedo a las alturas. Además, las técnicas de TCC son más útiles para cada uno de nosotros, ya sea que tengamos un trastorno psicológico o que nos enfrentemos a soluciones de la vida real.

Capítulo 15: Reflexiones finales sobre la terapia cognitivo-conductual

La TCC se creó inicialmente para ayudar a las personas afectadas por la depresión; sin embargo, hoy en día se utiliza para impulsar y controlar diferentes tipos de enfermedades y síntomas emocionales, por ejemplo, la ansiedad, la enfermedad bipolar, la enfermedad por estrés postraumático, la enfermedad obsesivo-compulsiva, las adicciones y los trastornos de la alimentación.

Las técnicas de la TCC también serán favorables para casi todo el mundo, por ejemplo, las personas sin ningún tipo de enfermedad emocional, pero con ansiedad crónica, estados de ánimo bajos, y hábitos que quieran mejorar.

Las pruebas científicas a través de escaneos cerebrales han descubierto que en la mayoría de los casos la TCC ha sido capaz de ajustar de manera favorable las estructuras físicas dentro del rendimiento mental.

La TCC puede hacer el trabajo rápidamente, ayudando a las personas a sentirse mejor y a experimentar síntomas disminuidos en un período corto (en unos pocos meses, por ejemplo).

Cuando muchos tipos de terapia podrían tomar algunos meses o incluso años para llegar a ser beneficioso, la cantidad promedio de períodos de TCC que los pacientes reciben es de 16.

La TCC a menudo requiere que el individuo termine sus "tareas" de forma independiente entre sesiones de terapia, lo cual es una de las razones por las que los beneficios llegan tan rápido.

Además de la preparación que se hace mientras que realmente están solos, los terapeutas cognitivos del comportamiento también utilizan las instrucciones, tales como la tos y la "terapia de vulnerabilidad" a lo largo de períodos.

La TCC es extremadamente interactiva y colaborativa. El rol terapeuta siempre será escuchar, enseñar y animar, mientras que el papel del individuo es ser más abierto y expresivo.

¿Cuál es el siguiente paso en el futuro de la TCC?

Varias estrategias y beneficios de la TCC han sido discutidas hasta ahora en este libro. He aquí un resumen y algunos pensamientos finales sobre la TCC y las razones por las que puede ser lo mejor para ti.

La evolución de las adaptaciones culturales hacia la TCC se encuentra todavía en sus fases iniciales. La TCC se basa predominantemente en los valores apoyados por la civilización predominante. De vuelta en América del Norte, estos valores incorporan la asertividad, la independencia personal, el poder verbal, la lógica y el cambio de comportamiento. Pero se crean manuales específicos para adaptar la TCC a los chinos-americanos y a los haitiano-americanos adolescentes.

La terapia cognitiva conductual (TCC) puede ser sólo un tipo habitual de terapia conversacional (psicoterapia). Así que trabajas con un consejero de bienestar mental (psicoterapeuta o terapeuta) de una manera estructurada, asistiendo a una cantidad bastante limitada de sesiones. La TCC hace posible ser consciente de pensamientos equivocados o no deseados, y eso significa que puedes ver escenarios desafiantes más ciertamente y responder en tu mente de una mejor manera.

En la TCC, el terapeuta y el paciente se unen para determinar patrones inútiles de pensamiento y comportamiento. Por ejemplo, alguien podría simplemente notar las cosas malas que le suceden y nunca notar las cosas positivas. O, alguien podría tener expectativas poco realistas como por ejemplo: "Cometer errores en la oficina es imperdonable." Además, es esencial determinar los comportamientos curables que toman los síntomas externos, tales como evitar situaciones particulares y retirarse de otros.

Es crucial que decidan tratar de ver los predicamentos lo más racional, clara y realista posible. Es útil pensar en las perspectivas de diferentes personas, cuestionar tus premisas, y ver si hay algo crucial que puedes estar perdiendo o descartando.

¿Cuántas sesiones TCC Necesitas Para obtener el Resultado Deseado?

La TCC se considera comúnmente como terapia a corto plazo. Así que aproximadamente 10 a 20 sesiones. Tú puedes hablar con tu terapeuta acerca de cuántas sesiones pueden ser apropiadas para ti.

En tu primera sesión, el terapeuta recopilará información sobre ti y puede identificar las preocupaciones que tengas. El terapeuta probablemente te preguntará respecto a tu salud física y emocional del presente y del pasado para ganar una comprensión más profunda de tu circunstancia. Tu terapeuta también puede discutir si podrías beneficiarte de un tratamiento adicional, como los medicamentos.

El terapeuta trabaja junto con los pacientes para hacer frente a las perspectivas desfavorables que el paciente tiene sobre sí mismo, el mundo y el futuro, lo que puede provocar sentimientos de desesperación.

¿Existe algún límite para la TCC?

La TCC no tiene limitaciones porque puede adaptarse para resolver varios problemas. Los ejercicios cuidadosamente creados se utilizan para apoyar y modificar sentimientos y comportamientos. Algunas terapias se centran más en las nociones, y también algunos aspectos se centran mucho más en los comportamientos. Cuando alguien tiene problemas para identificar y desafiar los problemas mentales, el terapeuta podría enfocarse en abordar comportamientos como la evasión, la abstinencia, o la falta de conocimiento intrapersonal.

Por otro lado, si este tipo de comportamientos es menos notable, el terapeuta puede enfocarse en la baja autoestima.

La primera sesión también es una oportunidad para que entrevistar a tu terapeuta para averiguar si él o ella va a ser un buen candidato para ti.

Aprender sobre tu estado de salud emocional

Reconocer situaciones o enfermedades problemáticas en tu vida es parte de la terapia. Estos pueden incluir problemas como una condición médica, divorcio, desesperación, ira o síntomas de enfermedad mental. Tú junto a tu terapeuta pueden dedicar algo de tiempo a identificar los problemas y objetivos en los que quieres enfocarte. La terapia cognitiva conductual se puede lograr de forma individual, o incluso en categorías, junto con los miembros de la familia con aquellos que tienen dificultades similares.

Lo Que Puedes Anticipar

La TCC se especializa típicamente en temas especiales, utilizando una estrategia orientada a objetivos. Ya que procederás a través del enfoque terapéutico, tu terapeuta podría pedirte que hagas "asignaciones", tareas, exámenes o prácticas que se basen en lo que averiguas durante tus sesiones regulares de terapia y te invita a utilizar exactamente lo que estás aprendiendo en tu estilo de vida normal.

Identificar Estrategias para Manejar las Emociones

La terapia cognitiva conductual se puede utilizar para tratar una amplia variedad de problemas. Por lo general es el tipo preferido de psicoterapia, ya que podría ayudar rápidamente a determinar y hacer frente a los desafíos que son específicos. Por lo general, requiere menos tiempo que las diferentes formas de terapia y se puede hacer de una manera coordinada.

Maneras de practicar técnicas de terapia cognitivo-conductual por tu cuenta

1. Describe tus obstáculos actuales

Lo primero que hay que hacer es identificar qué es lo que te está causando preocupación, descontento e inquietud. Tal vez te sientes resentido hacia alguien, temeroso sobre el fracaso, o estresado acerca de ser rechazado socialmente de alguna manera. Podrías darte cuenta de que tienes estrés persistente, indicadores de melancolía, o estás luchando para perdonar a alguien por un evento pasado. Cuando puedas reconocer esto y ser consciente de tu barrera principal, entonces tendrás el poder de empezar a trabajar en la superación.

1. Ten cuidado con tus emociones, pensamientos y creencias acerca de estos temas.

Cuando hayas determinado los problemas en los que debes enfocarte, tu terapeuta te animará a discutir tus pensamientos con respecto a esto. Esto podría consistir en compartir lo que sabes por tu experiencia, tu perspectiva de una situación, y tus propias creencias o de otras personas y eventos. Tu terapeuta te recomendará llevar un diario de tus pensamientos.

1. Para ser capaz de cuidar de ti mismo de forma segura

Remodelar los pensamientos incorrectos o negativos. Tu terapeuta probablemente te animará a preguntar si una opinión de una situación está situada de hecho o es una percepción errónea de lo que está pasando. Este paso puede ser difícil. Puede que tengas formas de pensar muy arraigadas sobre ti o tu vida. Junto con el ejercicio, el pensamiento es muy beneficioso, y los estilos de comportamiento crecerán para ser una costumbre y no tomarán tanto trabajo.

1. Evalúa tus preguntas

Antes de tu primera consulta, considera los temas en los que quieres trabajar, mientras que también puedes resolverlo junto con tu terapeuta, incluso teniendo unas pocas ideas de antemano puedes tener un punto de partida.

1. Hacer frente a un problema médico

Aunque la TCC se ha utilizado con niños de siete a nueve años de edad, es más efectiva con niños de catorce años de edad. A esta edad, los niños han mejorado significativamente sus habilidades cognitivas. Los niños más jóvenes, o adolescentes y adultos, que tienen discapacidades cognitivas, generalmente responden a planes de comportamiento y a la eliminación de factores del medio ambiente en lugar de centrarse en las creencias.

Asegúrate de que sabes:

- La gravedad de tus síntomas externos

- Identificar escenarios que a menudo se evitan y que se acercan constantemente a situaciones temidas.
- Intervenciones populares de la TCC
- Trastornos sexuales
- La duración de cada sesión

Generalmente, hay una amenaza mínima al recibir terapia cognitivo-conductual. Debido a que podrías descubrir sentimientos, emociones y aventuras debilitantes, a veces puedes sentirte mentalmente incómodo. Gritarás, te enfadarás o te sentirás realmente molesto durante una sesión que es dura, o incluso podrías sentirte agotado. También puedes amenazar con lastimarte de forma inmediata o inminente o quitarte la vida.

El terapeuta y el paciente trabajan juntos para anticiparse a los problemas y desarrollar estrategias de trabajo exitosas. Diferenciar y desafiar los pensamientos negativos (por ejemplo, "Las cosas nunca funcionan para mí personalmente").

Haz tus tareas entre sesiones. Si un terapeuta te pide que busques, mantengas un diario, o que realices actividades alternativas fuera de tus sesiones de terapia de rutina, debes hacerlas. Hacer estas tareas te permitirá aplicar lo que has aprendido en las sesiones de terapia.

Apégate a tu programa de tratamiento. En el caso de que realmente te sientas deprimido o desmotivado, puede ser tentador saltarse las sesiones de terapia. Hacerlo puede interrumpir tu progreso. Inscríbete en todas las sesiones y ofrece una idea exacta de en qué quieres centrarte.

Identificar y participar en actividades agradables, incluyendo pasatiempos, actividades sociales y ejercicio físico.

Puedes aplicar la terapia cognitivo-conductual identificando tus desafíos actuales, registrando tus pensamientos estresantes, formando patrones y entendiendo tus causas, descubriendo cómo las cosas cambian constantemente, poniéndote en el lugar de los demás y agradeciéndote a ti mismo por ser paciente.

Una de las principales ventajas para los pacientes es que la TCC se puede continuar incluso después de que hayan terminado las sesiones formales con un terapeuta.

Generalmente, existen pocos riesgos en el tratamiento de la TCC. Sin embargo, es posible que experimente situaciones incómodas a veces, ya que pueden explorar emociones, malos sentimientos y experiencias que pueden hacer que llores o que te sientas molesto durante la sesión de TCC. Todos estos son pasos y procesos para superar los desafíos y desarrollar mejores habilidades de afrontamiento.

Finalmente, después de que la terapia apropiada termine, la persona podría continuar trabajando en la investigación de los conceptos de la TCC, aplicando las técnicas que ha descubierto, leyendo y escribiendo un diario para ayudar a prolongar las mejorías y cuidando de los signos o síntomas.

Conclusión

La TCC es una terapia práctica para hacer frente a los desafíos emocionales. Varios tipos de TCC, como la terapia de exposición, podrían pedirte que te enfrentes a problemas que preferirías evitar, como volar en avión cuando tienes miedo de viajar. Esto también puede resultar en una presión temporal o ansiedad. El impacto de la TCC en la resolución de la mayoría de los trastornos y problemas mentales mencionados en este libro no puede ser exagerado, ya que se ha demostrado que es más eficaz que otras terapias similares.

Las técnicas de TCC también pueden ser beneficiosas para casi todo el mundo, por ejemplo, las personas que no padecen ningún tipo de enfermedad mental pero que tienen presión crónica, mal humor y hábitos que les gustaría mejorar.

Sé honesto y abierto, ya que el éxito de esta terapia depende de tu voluntad de compartir tus pensamientos, emociones y experiencias, y de estar abierto a nuevas ideas y formas de hacer las cosas. Si te resistes a discutir ciertos temas debido a emociones debilitantes, vergüenza o temores sobre la respuesta de tu terapeuta, entonces permite que tu terapeuta entienda tus temores.

La TCC no es la mejor opción para todos los pacientes. Aquellos que tienen una enfermedad significativamente crónica o recurrente pueden necesitar intervenciones repetidas. O podrían necesitar un cambio de táctica aparte de la TCC para hacer frente a las aventuras de la vida junto con problemas personales, interpersonales, y de identidad. Teniendo en cuenta que la TCC puede ser una herramienta muy valiosa en el tratamiento de trastornos de salud emocional, incluyendo depresión, trastorno de estrés postraumático (PTSD) o los trastornos de alimentación. Sin embargo, tal vez no todos los que se benefician de la TCC tienen un problema de salud mental. Puede ser una herramienta eficaz para ayudar a cualquier persona que está atravesando condiciones difíciles en la vida diaria.

TERAPIA COGNITIVO-CONDUCTUAL

Antes de ir a un psicoterapeuta, revisa su enfoque para manejar y prevenir escenarios riesgosos. Puedes decidir que deseas probar la terapia cognitivo-conductual. O simplemente un médico o alguien más puede recomendarte la terapia. No esperes resultados instantáneos. Trabajar en temas emocionales puede ser agotador y por lo general requiere trabajo duro. No es inusual sentirse peor a lo largo de la parte inicial de la terapia a medida que comienzas a encarar batallas pasadas y actuales. Puedes necesitar varias sesiones antes de empezar a observar el avance.

Este libro ha tocado todos los aspectos esenciales de la TCC y cómo mejorar tu vida y la de aquellos a tu alrededor que pueden estar sufriendo cualquier desafío emocional. La lista de métodos de la terapia cognitivo-conductual es muy diversa, pero esto te dará buenas ideas sobre los diferentes métodos que se utilizan durante la terapia cognitivo-conductual, cuando se trabaja con un terapeuta es bueno haber estado haciendo una lectura sobre la TCC. Ahora ya puedes decirle a tu terapeuta que métodos te llaman la atención.

Espero que encuentres fortaleza cuando empiecen a usar estas terapias a tu favor. Espero que funcione perfectamente para ti o para las personas a las que se lo recomiendes. Me encantaría escuchar tu historia de éxito después de usar los pasos destacados en este libro.

© Copyright 2019_All rights reserved.

The following eBook is reproduced below with the goal of providing information that is as accurate and reliable as possible. Regardless, purchasing this eBook can be seen as consent to the fact that both the publisher and the author of this book are in no way experts on the topics discussed within and that any recommendations or suggestions that are made herein are for entertainment purposes only. Professionals should be consulted as needed prior to undertaking any of the action endorsed herein.

This declaration is deemed fair and valid by both the American Bar Association and the Committee of Publishers Association and is legally binding throughout the United States.

Furthermore, the transmission, duplication, or reproduction of any of the following work including specific information will be considered an illegal act irrespective of if it is done electronically or in print. This extends to creating a secondary or tertiary copy of the work or a recorded copy and is only allowed with the express written consent from the Publisher. All additional right reserved.

The information in the following pages is broadly considered a truthful and accurate account of facts and as such, any inattention, use, or misuse of the information in question by the reader will render any resulting actions solely under their purview. There are no scenarios in which the publisher or the original author of this work can be in any fashion deemed liable for any hardship or damages that may befall them after undertaking information described herein.

Additionally, the information in the following pages is intended only for informational purposes and should thus be thought of as universal. As befitting its nature, it is presented without assurance regarding its prolonged validity or interim quality. Trademarks that are mentioned are done without written consent and can in no way be considered an endorsement from the trademark holder.

www.ingramcontent.com/pod-product-compliance
Lightning Source LLC
LaVergne TN
LVHW020429070526
838199LV00004B/335